Amado Nervo
Antología poética

Amado Nervo

Antología poética

ÍNDICE

La amada inmóvil

PRESENTACIÓN

El 31 de agosto de 1901 Amado Nervo conoció en París, en una calle del Barrio Latino, a Ana Cecilia Luisa Dailliez, quien se convertiría en el amor de su vida . De hecho, esta mujer se convirtió en su amor secreto, su musa enjaulada. Así lo confirma el hecho de que, al ser nombrado segundo secretario de la embajada de México en Madrid, Nervo se instaló con Ana Cecilia en el piso segundo izquierdo del número 15 de la madrileña calle de Bailén, donde ni los porteros de la casa supieron de la existencia de esa mujer. El 17 de diciembre de 1911, Ana Cecilia contrajo una fiebre tifoidea que le provocó una lenta agonía, también secreta, ya que Nervo la atendió a escondidas, hasta la noche del 7 de enero de 1912 en que murió su musa. *La amada inmóvil* es el poema que nació esa noche en que Nervo veló en soledad el cadáver de quien fue su amada.

Amado Nervo nació en Tepic en 1870 y realizó estudios en el Seminario de Zamora, Michoacán, mas pronto abrazó la carrera de leyes y empezó a trabajar en un despacho de abogados. Pronto se dio a conocer por diversos artículos en periódicos y por la sucesiva aparición de libros que lo fueron consolidando como poeta de prestigio. Colaboró en la *Revista Moderna,* donde estrechó lazos con los poetas del modernismo. Combinó sus funciones diplomáticas con la continuidad de su obra, cultivando no sólo la poesía, sino el cuento, ensayos, crónicas y relatos de viajes de la manera de Rubén Darío. Viajó por Italia y Austria, y desempeñó cargos diplomáticos en América del Sur, como ministro plenipotenciario en Argentina y Uruguay. Murió el 14 de noviembre de 1919 en Montevideo, y sus restos fueron trasladados a México, con todos los honores, y sepultados en la Rotonda de los Hombres Ilustres.

Se conserva en Madrid una placa en el edificio de la calle de Bailén y en el nicho 213 del cementerio de San Lorenzo y San José , donde el poeta mandó sepultar a su amada inmóvil. La lápida de mármol era visible al otro lado del río Manzanares, desde donde «el fraile de los suspiros, celeste anacoreta», como lo llamó Rubén Darío, siguió viviendo su secreto amor. Tales sentimientos se ven reflejados en este volumen, homenaje adolorido de uno de nuestros más reconocidos poetas a la mujer que él consideró «ornamento de mi soledad, alivio de mi melancolía, flora de mi heredad modesta, dignidad de mi retiro, lamparita santa y dulce de mis tinieblas»

En memoria de Ana
Encontrada en el camino de la vida
el 31 de agosto de 1901.
Perdida —¿para siempre?— el 7 de enero de 1912.

OFERTORIO

Deus dedit, Deus abstulit

Dios mío, yo te ofrezco mi dolor:
¡Es todo lo que puedo ya ofrecerte!
Tú me diste un amor, un solo amor,
¡un gran amor!
Me lo robó la muerte...
y no me queda más que mi dolor.
Acéptalo, Señor:
¡Es todo lo que puedo ya ofrecerte!...

¿LLORAR? ¿POR QUÉ?

Este es el libro de mi dolor:
lágrima a lágrima que formé;
una vez hecho, te juro, por
Cristo, que nunca más lloraré.
¿Llorar? ¿Por qué?

Serán mis rimas como el rielar
de una luz íntima, que dejaré
en cada verso; pero llorar,
¡eso ya nunca! ¿Por quién? ¿Por qué?

Serán un plácido florilegio
un haz de notas que regaré
y habrá una risa por cada arpegio,
¿Pero una lágrima? ¡Qué sacrilegio!
Eso ya nunca. ¿Por quién? ¿Por qué?

«MÁS QUE YO MISMO»

¡Oh, vida mía, vida mía!,
agonicé con tu agonía
y con tu muerte me morí.
¡De tal manera te quería,
que estar sin ti es estar sin mí!

Faro de mi devoción,
perenne cual mi aflicción
es tu memoria bendita.
¡Dulce y santa lamparita
dentro de mi corazón!

Luz que alumbra mi pesar
desde que tú te partiste
y hasta el fin lo ha de alumbrar,
que si me dejaste triste,
triste me habrás de encontrar.

Y al abatir mi cabeza,
ya para siempre jamás,

el mal que a minarme empieza,
pienso que por mi tristeza
tú me reconocerás.

Merced al noble fulgor
del recuerdo, mi dolor
será espejo en que has de verte,
y así vencerá a la muerte
la claridad del amor.

No habrá ni coche ni abismo
que enflaquezca mi heroísmo
de buscarte sin cesar.
Si eras *más que yo mismo,*
¿cómo no te he de encontrar?

¡Oh, vida mía, vida mía,
agonicé con tu agonía
y con tu muerte me morí!
De tal manera te quería,
que estar sin ti es estar sin mí.

«GRATIA PLENA»

Todo en ella encantaba, todo en ella atraía:
su mirada, su gesto, su sonrisa, su andar...
El ingenio de Francia de su boca fluía.
Era *llena de gracia,* como el Avemaría;
¡quien la vio no la pudo ya jamás olvidar!

Ingenua como el agua, diáfana como el día,
rubia y nevada como margarita sin par,
al influjo de su alma celeste amanecía...
Era llena de gracia, como el Avemaría;
¡quien la vio no la pudo ya jamás olvidar!

Cierta dulce y amable dignidad la investía
de no sé qué prestigio lejano y singular.
Más que mucha princesas, princesa parecía:
era llena de gracia, como el Avemaría;
¡quien la vio no la pudo ya jamás olvidar!

Yo gocé el privilegio de encontrarla en mi vía
dolorosa; por ella tuvo fin mi anhelar,

y cadencias arcanas halló mi poesía.
Era llena de gracia, como el Avemaría;
¡quien la vio no la pudo ya jamás olvidar!

¡Cuánto, cuánto la quise! ¡Por diez años fue mía;
pero flores tan bellas nunca pueden durar!
¡Era llena de gracia, como el Avemaría;
y a la Fuente de gracia, de donde procedía,
se volvió... como gota que se vuelve a la mar!

«¡PUELLA MEA!»

Muchachita mía,
gloria y ufanía
de mi atardecer,
yo sólo tenía
la santa alegría
de mi poesía
y de tu querer.
¿Por qué te partiste?
¿Por qué te fuiste?
Mira que estoy triste,
triste, triste, triste,
con tristeza tal
que mi cara mustia
deja ver mi angustia
como si fuera de cristal.
Muchachita mía,
¡qué sola, qué fría
te fuiste aquel día!
¿En qué estrella estás?
¿En qué espacio vuelas?

¿En qué mar rielas?
¿Cuándo volverás?
—¡Nunca, nunca más!

SU TRENZA

Bien venga, cuando viniere,
la Muerte; su helada mano
bendeciré si hiere...
He de morir como muere
un caballero cristiano.
Humilde, sin murmurar,
¡oh Muerte! me he de inclinar
cuando tu golpe me venza;
¡pero déjame besar,
mientras expiro, su trenza!
¡La trenza que te corté
y que, piadoso guardé
(impregnada todavía
del sudor de su agonía)
la tarde en que se me fue!
Su noble trenza de oro:
amuleto ante quien oro,
ídolo de locas preces,
empapado por mi lloro
tantas veces..., tantas veces...

Deja que, muriendo, pueda
acariciar esa seda
en que vive aún su olor:
¡Es todo lo que me queda
de aquel infinito amor!
Cristo me ha de perdonar
mi locura, al recordar
otra trenza, en nardo llena,
con que se dejó enjugar
los pies por la Magdalena...

ESCAMOTEO

Con tu desaparición
es tal mi estupefacción,
mi pasmo, que a veces creo
que ha sido un *escamoteo,*
una burla, una ilusión;
que tal vez sueño despierto,
que muy pronto te veré,
y que me dirás: «¡No es cierto,
vida mía, no me he muerto;
ya no llores..., bésame!»

¿QUÉ MÁS ME DA?

In angello cum libello
KEMPIS

¡Con ella, todo; sin ella, nada!
Para qué viajes,
cielos, paisajes,
¡Qué importan soles en la jornada!
Qué más me da
la ciudad loca, del mar rizada,
el valle plácido, la cima helada,
¡si ya conmigo mi amor no está!
Qué más me da...
Venecias, Romas, Vienas, Parises:
bellos sin duda; pero copiados
en sus celestes pupilas grises,
¡en sus divinos ojos rasgados!
Venecias, Romas, Vienas, Parises,
qué más me da
vuestra balumba febril y vana,
si de mi brazo no va mi Ana,
¡si ya conmigo mi amor no está!
Qué más me da...

Un rinconcito que en cualquier parte me
  preste abrigo;
un apartado refugio amigo
donde pensar,
un libro austero que me conforte;
una esperanza que sea norte
de mi penar,
y un apacible morir sereno,
mientras más pronto más dulce y bueno:
¡qué mejor cosa puedo anhelar!

¡QUIÉN SABE POR QUÉ!

Perdí tu presencia,
pero la hallaré;
pues oculta ciencia
dice a mi conciencia
que en otra existencia
te recobraré.
Tú fuiste en mi senda
la única prenda
que nunca busqué;
llegaste a mi tienda
con tu noble ofrenda,
¡quién sabe por qué!
¡Ay!, por cuánta y cuánta
quimera he anhelado
que jamás logré...,
y en cambio, a ti, santa,
dulce bien amado,
te encontré a mi lado,
¡quién sabe por qué!

Viniste, me amaste;
diez años me amaste;
diez años llenaste
mi vida de fe,
de luz y de aroma;
en mi alma arrullaste
como una paloma,
¡quién sabe por qué!
Y un día te fuiste:
¡Ay triste!, ¡ay triste!;
pero te hallaré;
pues oculta ciencia
dice a mi conciencia
que en otra existencia
te recobraré.

MI SECRETO

¿Mi secreto? ¿Estoy perdido
de amores por un ser desaparecido,
por un alma liberta,
que diez años fue mía, y que se ha ido...
¡Mi secreto? te lo diré al oído:
¡Estoy enamorado de una muerta!
¿Comprendes —tú que buscas los *visibles*
transportes, las reales, las tangibles
caricias de la hembra, que se plasma
a todos tus deseos invencibles—
ese imposible de los imposibles
de adorar a un fantasma?
¡Pues tal mi vida es y tal ha sido
y será!
   Si por mí solo ha latido
su noble corazón, hoy mundo y yerto,
¿he de mostrarme desagradecido
y olvidarla, no más porque ha partido,
y dejarla, no más porque se ha muerto?

METAFISIQUEOS

¡De qué sirve al triste la filosofía!
Kant o Schopenhauer o Nietzche o Bergson...
¡Metafisiqueos!
                    En tanto, Ana mía,
te me has muerto, y yo no sé todavía
dónde ha de buscarte mi pobre razón.
¡Metafisiqueos, pura teoría!
¡Nadie sabe nada de nada: mejor
que esa pobre ciencia confusa y vacía,
nos alumbra el alma, como luz del día,
el secreto instinto del eterno amor!
No ha de haber abismo que ese amor no ahonde,
y he de hallarte. ¿Dónde? ¡No me importa dónde!
¿Cuándo? No me importa..., ¡pero te hallaré!
Si pregunto a un sabio, «¡Qué sé yo!», responde.
Si pregunto a mi alma, me dice: «¡Yo sé!»

UNIDAD

No, madre, no te olvido;
mas apenas ayer ella se ha ido,
y es natural que mi dolor presente
cubra tu dulce imagen en mi mente
con la imagen del otro bien perdido.
Ya juntas viviréis en mi memoria
como oriente y ocaso de mi historia
como principio y fin de mi sendero,
como nido y sepulcro de mi gloria;
¡pues contigo nací, con ella muero!
Ya viviréis las dos en mis amores
sin jamás separaros;
pues, como en un matiz hay dos colores
y en un tallo dos flores,
¡en una misma pena he de juntaros!

EL FANTASMA SOY YO

Vivants, vous êtes des fantômes.
C'est nous qui sommes les vivants!
V. H.

Mi alma es una princesa en su torre metida,
con cinco ventanitas para mirar la vida.
Es una triste diosa que el cuerpo aprisionó.
Y tu alma, que desde antes de morirte volaba,
es un ala magnífica, libre de toda traba...
Tú no eres el fantasma: ¡el fantasma soy yo!
¡Qué entiendo de las cosas! Las cosas se me ofrecen,
no como son de suyo, sino como aparecen
a los cinco sentidos con que Dios limitó
mi sensorio grosero, mi percepción menguada.
Tú lo sabes hoy todo...; ¡yo, en cambio, no sé nada!
Tú no eres el fantasma: ¡el fantasma soy yo!

TRES MESES

Mi amada se fue a la Muerte,
partió al Misterio mi amada;
se fue una tarde de invierno;
iba pálida, muy pálida.
Ella que, por su color,
gloriosamente rosada,
parecía un ser translúcido
iluminado por llama
interna...
        ¡Qué lividez
aquella, la de mi Ana,
y qué frialdad! ¡Si tenía
hasta las trenzas heladas!
¡Se fue a la Muerte, que es
nuestra Madre, nuestra Patria
y nuestra sola heredad
tras este valle de lágrimas!
Hoy hace tres meses justos
que se la llevaron trágicamente
inmóvil, y recuerdo

con qué expresión desolada
se plañía entre los árboles
el viento del Guadarrama.
¡Tres meses de viaje! ¡Nunca
fue nuestra ausencia tan larga!
Noventa días sin verla,
y sin una sola carta...
Abismo de los abismos,
distancias de las distancias,
hondura de las honduras,
muralla de las murallas,
¿dónde tienes a mi muerta?
¡Dámela! ¡Dámela ! ¡Dámela!
¡En vano en la noche lóbrega
suena y resuena la aldaba
con que llamo a la gran puerta
del castillo que se alza
en la cima misteriosa
de la fúnebre montaña!
Cierto, detrás de esa hostil
fortaleza, alguien se halla...
Se adivina no sé qué,
un confuso rumor de almas...
De fijo nos oyen, pero
nadie nos responde nada,
y resuena solamente,
con vibraciones metálicas,
en los ámbitos inmensos
el golpazo de la aldaba.
Hoy hace tres meses justos
que se la llevaron, trágicamente
inmóvil, y recuerdo
con qué expresión desolada

se plañía entre los árboles
el viento del Guadarrama;
y recuerdo también que
al cruzar por las barriadas
de Madrid me sollozó
una tétrica gitana:
»Señorito, una limosna
por la difunta de su *arma*»

HUGUEANA

¡Ay de mí! Cuántas veces, arrobado
en la contemplación de una quimera,
me olvidé de la noble compañera
que Dios puso a mi lado.
—¡Siempre estás distraído! —me decía;
y yo, tras mis fantasmas estelares,
por escrutar lejanos luminares
el íntimo lucero no veía.
Qué insensatos antojos
los de mirar, como en tus versos, Hugo,
las estrellas en vez de ver sus ojos,
desdeñando, en mi triste desatino,
la cordial lucecita que a Dios plugo
encenderme en la sombra del camino...
Hoy que partió por siempre del amor mío,
no me importan los astros, pues sin ella
para mí el universo está vacío.
Antes, era remota cada estrella:
hoy, su alma es la remota, porque en vano
lo buscan mi mirada y mi deseo.

Ella, que iba conmigo de la mano,
es hoy lo más lejano:
los astros están cerca, pues los veo.

CUANDO DIOS LO QUIERA

Santa florecita, celestial renuevo,
que hiciste mi alma una primavera,
y cuyo perfume para siempre llevo:
¿Cuándo en mi camino te hallaré de nuevo?
—¡Cuándo Dios lo quiera, cuando Dios lo quiera!
—¡Qué abismo tan hondo! ¡Qué brazo tan fuerte
desunirnos pudo de tan cruel manera!
Mas ¡qué importa! Todo lo salva la muerte
y en *otra ribera* volveré yo a verte...
¡En otra ribera..., sí! ¡Cuando Dios quiera!
Corazón herido, corazón doliente,
mutilada entraña: si tan tuya era
(carne de tu carne, mente de tu mente,
hueso de tus huesos), necesariamente
has de recobrarla... —¡Sí, cuando Dios quiera!

«LE TROU NOIR»

> Y todos los modernos sobreentienden,
> quienes más, quienes menos,
> esa inmortalidad del otro lado
> del agujero negro.
> FLAUBERT: *Correspondence*

¡Para el que sufre como yo he sufrido,
para el cansado corazón ya huérfano,
para el triste ya inerme ante la vida,
bendito agujero negro!
¡Para el que pierde lo que yo he perdido
(luz de su luz y hueso de sus huesos),
para el que ni recobra ya ni olvida,
bendito agujero negro!
¡Agujero sin límites, gigante
y medroso agujero,
cómo intriga a los tontos y a los sabios
la insondabilidad de tu misterio!
¡Mas si hay alma, he de hallar la suya errante;
si no, en la misma nada fundiremos
nuestras áridas bocas, ya sin labios,
en tu regazo, fúnebre agujero!

TODO INÚTIL

Inútil es tu gemido:
no la mueve tu dolor.
La muerte cerró su oído
a todo vano rumor.
En balde tu boca loca,
la suya quiere buscar:
Dios ha sellado su boca:
¡ya no te puede besar!
Nunca volverás a ver
sus amorosas pupilas
en tus veladas arder
como lámparas tranquilas.
Ya sus miradas tan bellas
en ti no se posarán:
Dios puso la noche en ellas
y llenas de noche están...
Las manos inmaculadas
le cruzaste en su ataúd,
y estarán siempre cruzadas:
¡ya es eterna su actitud!

Al noble corazón tierno
que sólo por ti latió,
como a pájaro en invierno
la noche lo congeló.
—¿Y su alma? ¿Por qué no viene?
¡Fue tan mía...! ¿Donde está?
—Dios la tiene, Dios la tiene:
¡Él te la devolverá
quizá!

¡CÓMO SERÁ!

Si en el mundo fue tan bella,
¿cómo será en esa estrella
donde está?
¡Cómo será!
Si en esta prisión obscura,
en que más bien se adivina
que se palpa la hermosura,
fue tan peregrina,
¡cuan peregrina será
en el más allá!
Si de tal suerte me quiso
aquí, cómo me querrá
en el azul paraíso
en donde mora quizá?
¡Cómo me querrá!
Si sus besos eran tales
en vida, ¡cómo serán
sus besos espirituales!
¡Qué delicias inmortales
no darán!

Sus labios inmateriales,
¡cómo besarán!
Siempre que medito en esa
dicha que alcanzar espero,
clamo, cual Santa Teresa,
que muero porque no muero:
hallo la vida muy tarda
y digo: ¿cómo será
la ventura que me aguarda
donde ella está? ¡Cómo será!

LA CITA

Llamaron quedo, muy quedo,
a la puerta de tu casa...
VILLAESPESA

¿Has escuchado?
Tocan la puerta...
—La fiebre te hace
desvariar.
—Estoy citado
con una muerta,
y un día de éstos ha de llamar...
Llevarme pronto me ha prometido;
a su promesa no ha de faltar...
Tocan la puerta. Qué, ¿no has oído?
—La fiebre te hace desvariar.

NADIE CONOCE EL BIEN

Había un ángel cerca de mí,
mas no le vi...
Posó las plantas maravillosas
entre las zarzas de mi erial, y
yo, en tanto, estaba viendo otras cosas.
Cuando, callado, tendió su vuelo
y quedó al irse torvo mi cielo,
mi vida huérfana, mi alma vacía,
comprendí todo lo que perdía.
Alcé los ojos despavorido,
llamé al ausente con un gemido,
plegó mis labios convulso gesto...
Mas pronto el ángel dejó traspuesto,
con vuelo de ímpetu soberano,
las lindes negras del mundo arcano,
y todo vano fue... ¡todo vano!
¡Quién del espacio devuelve un ave!
¡Qué imán atrae a un dios ya ido!
Dice el proloquio que nadie sabe
el bien que tiene... ¡sino perdido!

REPARACIÓN

¡En esta vida no la supe amar!
Dame otra vida para reparar,
¡oh Dios!, mis omisiones,
para amarla con tantos corazones
como tuve en mis cuerpos anteriores;
para colmar de flores,
de risas y de gloria sus instantes;
para cuajar su pecho de diamantes
y en la red de sus labios dejar presos
los enjambres de besos
que no le di en las horas ya perdidas...
Si es cierto que vivimos muchas vidas
(conforme a la creencia
teosófica), Señor, otra existencia
de limosna te pido
para quererla más que la he querido,
para que en ella nuestras almas sean
tan *una,* que las gentes que nos vean
en éxtasis perenne ir hacia Dios
digan: «¡Cómo se quieren esos dos!»

A la vez que nosotros murmuramos
con un instinto lúcido y profundo
(mientras que nos besamos
como locos): «¡Quizá ya nos amamos
con este mismo amor en otro mundo!»

¡CÓMO CALLAN LOS MUERTOS!

¡Qué despiadados son
en su callar los muertos!
Con razón
todo mutismo trágico y glacial,
todo silencio sin apelación
se llaman: *un silencio sepulcral.*

ME BESABA MUCHO

Me besaba mucho; como si temiera
irse muy temprano... Su cariño era
inquieto, nervioso.
Yo no comprendía
tan febril premura. Mi intención grosera
nunca vio muy lejos...
¡Ella presentía!
Ella presentía que era corto el plazo,
que la vela herida por el latigazo
del viento, aguardaba ya..., y en su ansiedad
quería dejarme su alma en cada abrazo,
poner en sus besos una eternidad.

AQUEL OLOR...

Era un'amicizia «di terra lontana»
GABRIELE D'ANNUNZIO

¿En qué cuento te leí?
¿En qué sueño te soñé?
¿En qué planeta te vi
antes de mirarte aquí?
¡Ah! ¡No lo sé..., no lo sé!
Pero brotó nuestro amor
con un *antiguo* fervor,
y hubo, al tendernos la mano,
cierta emoción *anterior,*
venido de lo lejano.
Tenía nuestra amistad
desde el comienzo un cariz
de otro sitio, de otra edad,
y una familiaridad
de indefinible matiz...
Explique alguien (si la osa)
el hecho, y por qué, además,
de tus caricias de diosa
me queda una misteriosa
esencia sutil de rosa
que viene de un siglo atrás...

«REGNUM TUUM»

Fuera, sonrisas y saludos,
vals, esnobismo de los clubs,
mundanidad oropelesca.
Pero al volver a casa, tú.
En el balcón, en la penumbra,
vueltos a los ojos al azul,
te voy buscando en cada estrella
del misterioso cielo augur.
¿Desde qué mundo me contemplas?
¿De qué callada excelsitud
baja tu espíritu a besarme?
¿Cuál el astro cuya luz
viene a traerme tus miradas?
¡Oh qué divina es la virtud
con que la noche penetra
bajo su maternal capuz!
Hasta mañana, salas frívolas,
trajín, ruidos, inquietud,
mundanidad oropelesca,
poligononales fracs, abur.

Y tú, mi muerta, ¡buenas noches!
¿Cómo te va? ¿Me amas aún?
Vuelvo al encanto misterioso,
a la inefable beatitud
de tus lejanos besos místicos.
¡Aquí no reinas más que tú!

ESTE LIBRO

Un rimador obscuro
que no proyecta sombra,
un poeta maduro
a quien ya nadie nombra,
hizo este libro, amada,
para vaciar en él
como turbia oleada
de lágrimas y hiel.
Humilde florilegio,
pobre ramo de rimas,
su solo privilegio
es que acaso lo animas
tú, con tu santo soplo
de amor y de ternura,
desde el astro en que estás.
¡Un dolor infinito
labró en él con su escoplo
tu divina escultura,
como un recio granito,
para siempre jamás!

YA TODO ES IMPOSIBLE

¡Dios no ha de devolvértela porque llores!
Mientras tú vas y vienes por la casa
vacía; mientras gimes,
la pobre está pudriéndose en su agujero.
¡Ya todo es imposible!
Así llenaras veinte lacrimatorias
con la sal de tus ojos; así suspires
hasta luchar en ímpetu
con el viento que pasa, destrozando
las flores de tus jardines;
así solloces hasta herir la entraña
de la noche sublime,
nada obtendrás: la Muerte no devuelve
sino cenizas a los tristes...
La pobre está pudriéndose en su agujero,
¡Ya todo es imposible!
Dios lo ha querido... Inclina la cabeza,
humíllate, humíllate
y aguarda, recogido, en las tinieblas,
¡el beso de la Esfinge!

ESPERANZA

¿Y por qué no ha de ser verdad el alma?
¿Qué trabajo le cuesta al Dios que hila
el tul fosfóreo de las nebulosas
y que traza las tenues pinceladas
de luz de los cometas incansables
dar al espíritu inmortalidad?
¿Es más incomprensible por ventura
renacer que nacer? ¿Es más absurdo
seguir viviendo que el haber vivido,
ser invisible y subsistir, tal como
en redor nuestro laten y subsisten
innumerables formas, que la ciencia
sorprende a cada instante
con sus ojos de lince?
Esperanza, pan nuestro cotidiano;
esperanza nodriza de los tristes;
murmúrame esas íntimas palabras
que en silencio de la noche fingen,

en lo más escondido de mi mente,
cuchicheo de blancos serafines...
¿Verdad que he de encontrarme con mi muerta?
Si lo sabes, ¿por qué no me lo dices?

EL RESTO ¿QUÉ ES?

Tú eras la sola verdad de mi vida,
el resto, ¿qué es?
Humo... palabras, palabras, palabras...
¡mientras la tumba me hace enmudecer!
Tú eras la mano cordial y segura
que siempre estreché
con sentimiento de plena confianza
en tu celeste lealtad de mujer.
Tú eras el pecho donde mi cabeza
se reposó bien,
oyendo el firme latir de la entraña
que noblemente mía sólo fue.
Tú lo eras todo: ley, verdad y vida...
El resto, ¿qué es?

«NIHIL NOVUM»

¡Cuántos, pues, habrán amado
como mi alma triste amó...
y cuántos habrán llorado
como yo!
¡Cuántos habrán padecido
lo que padecí,
y cuántos habrán perdido
lo que perdí!
Canté con el mismo canto,
lloro con el mismo llanto
de los demás,
y esta angustia y este tedio
ya los tendrá sin remedio
los que caminan detrás.
Mi libro sólo es, en suma,
gotícula entre la bruma,
molécula en el crisol
del común sufrir, renuevo
del Gran Dolor: ¡Nada nuevo
bajo el sol!

Mas tiene cada berilo
su manera de brillar,
y cada llanto su estilo
peculiar.

POR MIEDO

La dejé marcharse sola...
y, sin embargo, tenía
para evitar mi agonía
la piedad de una pistola.
»¿Por qué no morir? —pensé—.
¿Por qué no librarme desta
tortura? ¿Ya qué me resta
después que ella se me fue?
Pero el resabio cristiano
me insinuó con voces graves:
»¡Pobre necio, tú que sabes!»
Y paralizó mi mano.
Tuve miedo..., es la verdad;
miedo, sí, de ya no verla,
miedo inmenso de perderla
por toda una eternidad.
Y preferí, no vivir,
que no es vida la presente,
sino acabar lentamente,
lentamente, de morir.

¡CUÁNTOS DESIERTOS INTERIORES!

¡Cuántos desiertos interiores!
Heme aquí joven, fuerte aún,
y con mi heredad ya sin flores.
Némesis sopló en mis alcores
con bocanadas de simún.
De un gran querer, noble y fecundo,
sólo una trenza me quedó...
¡y un hueco más grande que el mundo!
Obra fue todo de un segundo.
¿Volveré a amar? ¡Pienso que no!
Sólo una vez se ama en la vida
a una mujer como yo amé;
y si la lloramos perdida
queda el alma tan malherida
que dice a todo: «—¡Para qué!»
Su muerte fue mi premoriencia,
pues que su vida era razón
de ser de toda mi existencia.
Pensarla es ya mi sola ciencia...
¡Resignación! ¡Resignación!

ESO ME BASTA

Este libro tiene muchos precedentes,
tantos como gentes
habrán sollozado
por un bien amado,
desaparecido,
por un gran amor extinguido.
Tal vez muchos otros lloraron mejor
su dolor que yo mi inmenso dolor,
quizá (como eran poetas mayores)
había en sus lágrimas mucho más fulgores...
Yo en mis tristes rimas no pretendo nada:
para mí es bastante
con que mi adorada
para siempre ida,
detrás de mi hombro las lea anhelante
y diga : «Este sí que es un buen amante
que nunca me olvida.»

¡QUÉ BIEN ESTÁN LOS MUERTOS!

¡Qué bien están los muertos,
ya sin calor ni frío,
ya sin tedio ni hastío!
Por la tierra cubiertos,
en su caja extendidos,
blandamente dormidos...
¡Qué bien están los muertos
con las manos cruzadas,
con las bocas cerradas!
¡Con los ojos abiertos,
para ver el arcano
que yo persigo en vano!
¡Qué bien estás, mi amor,
ya por siempre exceptuada
de la vejez odiada,
del verdugo dolor...;
inmortalmente joven,
dejando que te troven

su trova cotidiana
los pájaros poetas
que moran en las quietas
tumbas, y en la mañana,
donde la Muerte anida,
saludan a la vida!

«BONSOIR...»

Donc, bonsoir, mignon, et à demain
(Palabras que Ana me dejó escritas una
noche en que tuvimos que separarnos)

¡Buenas noches, mi amor, y hasta mañana!
Hasta mañana, sí, cuando *amanezca,*
y yo, después de cuarenta años
de incoherente soñar, abra y estriegue
los ojos del espíritu,
como quien ha dormido mucho, mucho,
y vaya lentamente despertando,
y, en una progresiva lucidez,
ate los cabos del ayer de mi alma
(antes de que la carne la ligara)
y de hoy prodigioso
en que habré de encontrarme, en ese plano
en que ya nada es ilusión y todo
es verdad...

¡Buenas noches, amor mío,
buenas noches! Yo quedo en las tinieblas
y tú volaste hacia el amanecer...
¡Hasta mañana, amor, hasta mañana!
Porque, aun en cuando el destino
acumulara lustro sobre lustro

de mi prisión por vida, son fugaces
esos lustros; sucédense los días
como rosarios, cuyas cuentas magnas
son los domingos...
Son los domingos, en que, con mis flores,
voy invariablemente al cementerio
donde yacen tus formas adoradas.
¿Cuántos ramos de flores
he llevado a tu tumba? No lo sé.
¿Cuántos he de llevar? Tal vez ya pocos!
Tal vez ya pocos! ¡Oh, qué perspectiva
deliciosa!

¡Quizá el carcelero
se acerca con sus llaves resonantes
a abrir mi calabozo para siempre!
¿Es por ventura el eco de sus pasos
el que se oye, a través de la ventana,
avanzar por los quietos corredores?
¡Buenas noches, amor de mis amores!
Hasta luego, tal vez..., o hasta mañana.

SONETO

¡Qué son diez años para la vida de una estrella!
Mas para el triste amante que encontró la mitad
de su alma en el camino, y se enamoró della,
diez años de connubio son una eternidad.
Diez años, cuatro meses y siete días quiso
el Arcano, que encauza las vidas paralelas,
juntarnos no en meloso y estulto paraíso,
sino en la comunión de las almas gemelas.

Conducidos marchamos
por un amor experto;
del brazo siempre fuimos,
y tal nos adoramos,
que... ¡no sé quién ha muerto,
o si los dos morimos!

SEIS MESES...

¡Seis meses ya de muerta! Y en vano he pretendido
un beso, una palabra, un hálito, un sonido...
y, a pesar de mi fe, cada día evidencio
que detrás de la tumba ya no hay más que silencio...
Si yo me hubiese muerto, ¡qué mar, qué cataclismos,
qué vórtices, qué nieblas, qué cimas ni qué abismos
burlaran mi deseo febril y omnipotente
de venir por las noches a besarte en la frente,
de bajar, con la luz de un astro zahorí,
a decirte al oído: «¡No te olvides de mí!»
Y tú, que me querías tal vez más que te amé,
callas inexorable, de suerte que no sé
sino dudar de todo, del alma, del destino,
¡y ponerme a llorar en medio del camino!
Pues con desolación infinita evidencio
que detrás de la tumba ya no hay más que silencio...

PIEDAD

¡No porque está callada
y ya no te responde, la motejes;
no porque yace helada,
severa, inmóvil, rígida, la huyas;
no porque está tendida
y no puede seguirte ya, la dejes;
no porque está perdida
para siempre jamás, la sustituyas!

POBRECITA MÍA

Bien sé que no puedes,
pobrecita mía,
venir a buscarme.
¡si pudieras, vendrías!
Acaso te causan
dolor mis fatigas,
mis ansias de verte,
mis quejas baldías,
mi tedio implacable,
mi horror por la vida.
¡No puedes traerme consuelo!
¡Si pudieras, vendrías!
¿Qué honda, qué honda
debe ser la sima
donde caen los muertos,
pobrecita mía!
¡Qué mares sin playas
qué noche infinita
qué pozos danaideos,
qué fieras estigias

deben separarnos de los que se mueren
desgajando en dos
almas una misma,
para que no puedas venir a buscarme!
Si pudieras, vendrías...

LOS MUERTOS MANDAN

Los muertos mandan. ¡Sí, tú mandas, vida mía !
Si ejecuto una acción, digo: «¿Le gustaría?»
Hago tal o cual cosa pensando: «¡Ella lo hacía!»
Busco lo que buscabas, lo que dejabas dejo,
amo lo que tú amabas, copio como un espejo
tus costumbres, tus hábitos... ¡Soy no más tu reflejo!

LEJANÍA

¡Parece mentira que hayas existido!
Te veo tan lejos...
Tu mirada, tu voz, tu sonrisa,
me llegan al fondo de un pasado inmenso...
Eras más sutil
que mi propio ensueño;
eres el fantasma de un fantasma,
eres el espectro de un espectro...
Para reconstruir tu imagen remota
he menester ya de un enorme esfuerzo.
¿De veras me quisiste? ¿De veras me besabas?
¿De veras recorrías la casa, hoy en silencio?
¿De veras, en diez años, tu cabecita rubia
reposó por las noches, confiada en mi pecho?
¡Ay qué perspectivas esas de la muerte!
¡Qué horizontes tan bellos!
¡Cuál os divinizan, oh difuntas jóvenes,
con sus lejanías llenas de misterio!
¡Qué consagraciones tan definitivas
las que da el Silencio!...

¡Cuál os vuelve míticas, casi fabulosas!
¡Qué tristes mujeres de carne y de hueso,
con sus pobres encantos efímeros,
podrían venceros?
Tenéis un augusto prestigio de estatua,
y por un fenómeno de rareza lleno,
mientras más distantes, más imperiosas
vais agigantandoos en el pensamiento.

PERO YO TE AMO

Yo no sé nada de la vida,
yo no sé nada del destino,
yo no sé nada de la muerte;
¡pero te amo!
Según la buena lógica, tú eres luz extinguida;
mi devoción es loca, mi culto, desatino,
y hay una insensatez infinita en quererte;
¡pero te amo!

VIVIR SIN TUS CARICIAS

Vivir sin tus caricias es mucho desamparo;
vivir sin tus palabras es mucha soledad;
vivir sin tu amoroso mirar, ingenuo y claro,
es mucha obscuridad...

POR ESTA SELVA...

Por esta selva tan espesa,
donde nunca el sol penetró,
buscando voy una princesa
que se me perdió.
Entre los árboles copudos,
entre las lianas verdinegras
que trepan por los desnudos
troncos, como culebras;
entre las rocas de hosquedad
hostil y provocativa
y la pavorosa soledad
y la penumbra esquiva,
buscando voy una princesa
rubia como la madrugada
que no ha partido y que no regresa
desta espesura malhadada.
Dicen que al fin de aquella ruta,
que bordan el ciprés y el enebro,
hay una reina muy enjuta
que mora en un castillo muy negro;

que guarda en fieros torreones
otras princesas como la mía,
y que es sorda a las rogaciones
del desamparo y la agonía.
Mas, acaso si yo pudiese
ver a la reina, y su huella
seguir astuto, al cabo diese
con el castillo negro... ¡y con Ella!
Pero el más seguro instinto
no se sentiría capaz
de guiarse por el laberinto
desta penumbra pertinaz.
Es que el espíritu presiente
algo fatal que se avecina,
y es que acaso es más imponente
que lo que vemos claramente
lo que tan sólo se adivina.
Heme aquí, pues, con la alma opresa
en medio de obscuridad,
enamorado de una princesa
que se perdió en la selva espesa
tal vez por una eternidad...

EL VIAJE

Para calmar a veces un poco el soberano,
el invencible anhelo de volverte a mirar,
me imagino que viajas por un país lejano
de donde es muy difícil, ¡muy difícil!, tornar.
Así mi desconsuelo, tan hondo, se divierte;
doy largas a mi espera, distraigo mi hosco esplín,
y, pensando en que tornas, en que ya voy a verte,
un día, en cualquier parte, me cogerá la muerte
y me echará en tus brazos, ¡por fin, por fin, por fin!

SIN RUMBO

Por diez años su diáfana existencia fue mía.
Diez años en mi mano su mano se apoyó,
¡y en sólo unos instantes se me puso tan fría,
que por siempre mis besos congeló!
¡Adónde iréis ahora, pobre nidada loca
de mis huérfanos besos, si sus labios están
cerrados, si hay un sello glacial sobre su boca,
si su frente divina se heló bajo su toca,
si sus ojos ya nunca se abrirán!

DESPUÉS

Después de aquella brava agonía,
ya me resigno..., ¡sereno estoy!
Yo, que con ella nada pedía,
hoy, ya sin ella, sólo querría
ser noble y bueno... ¡mientras me voy!
Es un bendito nombre, que adoro,
ser noble y bueno, y al expirar,
poder decirme: «¡Nada atesoro:
di toda mi alma, di todo mi oro,
di todo aquello que pude dar!»
Desnudo torno como he venido;
cuanto era mío, mío no es ya:
como un aroma me he difundido
como una esencia me he diluido,
y, pues que nada tengo ni pido,
¡Señor, al menos vuélvemela!

¡OH, MUERTE!

Muerte, ¡cómo te he deseado!
¡con qué fervores te he invocado!,
¡con qué anhelares he pedido
a tu boca su beso helado!
¡Pero tú, ingrata, no has oído!
¡Vendrás, quizá, con paso quedo
cuando de partir tenga miedo,
cuando la tarde me sonría
y algún ángel, con rostro ledo,
serene mi melancolía!
Vendrás, quizá, cuando la vida
me muestre una veta escondida
y encienda para mí una estrella.
¡Qué importa! Llega, ¡oh Prometida!
¡Siempre has de ser la bien venida,
pues que me juntarás con Ella!

ALQUIMIA

Bien sé que para verte
he menester la alquimia de la muerte
que me transmute en alma, y delirante
de amor y de ansiedad, a cada instante
que llega, lo requiero
diciéndole: «Ah, si fueses tú el postrero!»
Es tan desmesurado, tan divino
y tan hondo el futuro que adivino
a través de las rutas estelares,
y de uno en otro de los avatares,
siempre contigo, noble compañera,
que por poder morir, ¡ay, qué no diera!

DIÁLOGO

El desaliento

¡Por qué empeñarse en buscar
a quién se quiere esconder!
Si Dios no se deja ver,
alma, ¿cómo les has de hallar?
Y aún pretendes lograr
que esa esfinge que se esconde
y calla, te diga dónde
recobrarás a tu muerta.
¡Ilusa, llama a otra puerta,
que en ésta nadie responde!

La esperanza

Hay que empeñarse en buscar
a quien se quiere esconder.
Si Dios no se deja ver,
alma, le tienes que hallar
por fuerza.
Y has de lograr
que esa esfinge que se esconde

y calla, te diga dónde
recobrarás a tu muerta.
¡Si la Fe llama a una puerta,
el Amor siempre responde!

TAL VEZ...

Tal vez ya no le importa mi gemido
en el indiferente edén callado
en que el espíritu desencarnado
vive como dormido...
Tal vez ni sabe ya cómo he llorado
ni cómo he padecido.
En profundo quietismo,
su alma, que antes me amara de tal modo,
se desliza glacial por ese abismo
del eterno mutismo,
olvidada de sí, de mí, de todo...

«LUX PERPETUA»

Si ha de ser condición de mi dicha el olvido
de ti, quiero estar triste siempre (como he vivido).
Prefiero la existencia más árida y doliente
al innoble consuelo de olvidar a mi ausente.
Por lo demás, ¡qué tengo sin ti de cosa propia,
que me halague o sonría en esta clara inopia,
ni qué luz en mis noches me quedará si pierdo
también la lamparita cordial de tu recuerdo!

UN SIGNO

Eternidad: ¡devuélveme lo que me has substraído!
Abismo: ¡restitúyeme lo que sorbió tu hondura!
Esfinge: ¡escucha mi alarido!
¡Compadécete ya , Noche obscura!
Oye mi imploradora
voz, ¡oh Isis!; desgarra tu capuz...
y tú, lucero ignoto en que ella mora,
¡por piedad, hazme un signo de luz!

¿POR QUÉ?

¿Por qué tú que me amabas con esa multiforme solicitud celeste, me dejas hoy? ¿Por qué no acudes a mis lágrimas?

—Es un misterio enorme... —Es un misterio enorme..., ¡pero yo lo sabré!

ETERNIDAD

¡La muerte! Allí se agota todo esfuerzo,
allí sucumbe toda voluntad.
¡La Muerte! ¡Lo que ayer fue nuestro Todo
hoy sólo es nuestra Nada!... ¡Eternidad!
¡Silencio!... El máximo silencio
que es posible encontrar.
¡Silencio!... ¡Ultrasilencio,
y no más! ¡Oh, no más!
¡Ni una voz en la noche
que nos pueda guiar!
Ana, razón suprema de mi vida,
¿dónde estás, dónde estás, dónde estás?
Se abisma en el abismo el pensamiento,
se enlobreguece, ¡al fin!, todo mirar
en esta lobreguez inexorable,
y desespera, a fuerza de esperar,
la más potente de las esperanzas.
¡Eternidad, eternidad!

EL ENCUENTRO

¿Por qué permaneciste siempre sorda a mi grito?
¡Dios sabe cuántas veces, con amor infinito,
te busqué en las tinieblas, sin poderte encontrar!
Hoy —¡por fin!— te recobro: todo, pues, era
/cierto...
¡Hay un alma! ¡Qué dicha! No es que sueñe despierto...
¡Te recobro! ¡Me miras y te vuelvo a mirar!
—Me recobras, amigo, porque ya eras un muerto:
De fantasma a fantasma nos podemos amar.

IMPACIENCIA

Soy un viajero que tiene prisa
de partir.
Soy un alma impaciente e insumisa
que se quiere ir.
Soy un ala que trémula verbero...
¿Cuándo vas, oh Destino, a quitar
de mi pie tu grillete de acero
y —¡por fin!— a dejarme volar?

DILEMA

O no hay alma , y mi muerta ya no existe
(conforme el duro y cruel «polvo serás»)...
o no puede venir, y está muy triste;
pero olvidarse de mi amor, ¡jamás!
Si de lo que ella fue sólo viviese
un átomo consciente, tras la fría
transmutación de los sepulcros, ¡ese
átomo de conciencia me amaría!

7 DE NOVIEMBRE (1912)

La noche en que estaba tendida —hoy hace diez meses— era la noche última que iba a pasar un su casa, bajo nuestro techo acogedor. ¡En su casa, donde siempre había sido el alma, y la luz, y todo! ¡En su casa, donde la adorábamos con la más vieja, noble y merecida ternura; donde cuanto la rodeaba era suyo, afectuosamente suyo!

¡Y habría que echarla fuera al día siguiente! Fuera, como a una intrusa...Fuera el pleno invierno, entre el trágico sollozar de los cierzos. Y habría que alejarla de nosotros como a una cosa impura, nefanda; ¡que esconderla en un cajón enlutado y hermético!, y llevarla lejos, por el campo llovido, por los barrizales infectos, para meterlo en un agujero sucio y glacial. ¡A ella, que había disfrutado por más de diez años la blancura tibia de la mitad de mi lecho! ¡A ella , que había tenido mi hombro viril y seguro como almohada de su cabecita luminosa! ¡A ella, que vio mi solicitud tutelar encendida siempre como una lámpara sobre su existencia!

¡Oh, Dios , dime si sabes de una más despiadada angustia, y si no merezco ya que brille para mí tu misericordia!...

LA SANTIDAD DE LA MUERTE

La santidad de la muerte
llenó de paz tu semblante,
y yo no puedo ya verte
de mi memoria delante,
sino en el sosiego inerte
y glacial de aquel instante.
En el ataúd exiguo,
de ceras a la luz fatua,
tenía tu rostro ambiguo
quietud augusta de estatua
en un sarcófago antiguo.
Quietud con yo no sé qué
de dulce y meditativo;
majestad de lo que fue;
reposo definitivo
de quien ya sabe el *porqué*.
Placidez, honda, sumisa
a la ley; y en la gentil
boca breve, una sonrisa
enigmática, sutil,

iluminando indecisa
la tez color de marfil.
A pesar de tanta pena
como desde tanto siento,
aquella visión me llena
de blando recogimiento
y unción..., como cuando suena
la esquila de algún convento
en una tarde serena...

IMPOTENCIA

Señor, piedad de mí porque no puedo
consolarme... Lo intento, mas en vano.
Me sometí a tu ley porque eras fuerte:
¡El fuerte de los fuertes!... Pero acaso
es mi resignación sólo impotencia
de vencer a la Muerte, cuyo ácido
ósculo corrosivo,
royendo el corazón que me amó tanto,
royó también mi voluntad de acero...
¡La Muerte era titánica; yo, átomo!
Señor, no puedo resignarme, no!
¡Si te digo que ya estoy resignado,
y si murmuro *fiat voluntas tua,*
miento, y mentir a Dios es insensato!
¡Ten piedad de mi absurda rebeldía!
¡Que te venza, Señor, mi viril llanto!
¡Que conculque tu ley tu piedad misma!...
Y revive a mi muerta como a Lázaro
o vuélveme fantasma como a ella,

para entrar por las puertas del Arcano
y buscar en el mundo de las sombras
el deleite invisible de sus brazos.

BENDITA...

Bendita seas, porque me hiciste
amar la muerte, que antes temía.
Desde que de mi lado te fuiste,
amo la muerte cuando estoy triste;
si estoy alegre, más todavía.
En otro tiempo, su hoz glacial
me dio terrores; hoy, es amiga.
¡Y la presiento tan maternal!...
Tú realizaste prodigio tal.
¡Dios te bendiga! ¡Dios te bendiga!

AL ENCONTRAR UNOS FRASCOS DE ESENCIA

¡Hasta sus perfumes duran más que ella!
Ved aquí los frascos, que apenas usó,
y que reconstruyen para mí la huella
sutil que en la casa dejó...
Herméticamente encerrada,
la esencia en sus pomos no se escapará.
Mientras que el espíritu de mi bien amada,
más imponderable, más tenue quizá,
voló de sus labios, redoma encantada,
    ¡y en dónde estará!

SEÑUELO

La Muerte nada quiere con los tristes.
Subrepticia y astuta,
aguarda a que ríamos
para abrirnos la tumba
y, con su dedo trágico, de pronto
señalarnos la húmeda
oquedad, y empujarnos brutalmente
hacia su infecta hondura.
Mas yo tengo tal gana de que venga,
que voy a ser feliz para que acuda,
para que sea mi reír señuelo,
y ella caiga en la trampa de venturas
ruidosas, que en el fondo son tristezas...
¿La engañaré? ¡Quizá, si tú me ayudas
desde la eternidad, oh inmarcesible
amada, oh novia única,
cuyos besos de sombra
he de reconquistar, pese a la Enjuta
que te mató a mansalva hace once meses,
dejando a un infeliz por siempre a obscuras!

YO NO DEBO IRME...

Yo no debo irme: tengo que esperar
hasta que la muerte venga a llamar.
¡Tengo que esperar!
¡Cuánto tarda, cuánto!...
                                        Pero el tiempo corre
y a veces escucho, cerca de mi torre,
entre las tinieblas, cauteloso andar...
Mucho andar, pero tiene que llegar.
Rejas insidiosas, rejas que vedáis
para mí la vida, que cuadriculáis
para mí los aires; impasibles rejas,
duras a mis dedos, sordas a mis quejas:
habrán de limaros mis firmes anhelos,
y quizá una noche me abriréis los cielos.
Mucho, tal vez mucho tengo de esperar;
pero al fin la muerte me vendrá a llamar.

RESURRECCIÓN

Yo soy tan poca cosa, que ni un dolor merezco...
Mas tú, Padre, me hiciste merced de un gran dolor.
Ha un año que lo sufro, y un año ya que crezco
por él en estatura espiritual, señor.
¡Oh Dios, no me lo quites! Él es la sola puerta
de luz que yo vislumbro para llegar a Ti.
Él es la sola vida que vive ya mi muerta:
mi llanto, diariamente, la resucita en mí.

¡REYES!

¡Oh, reyes, me trajisteis hace un año un presente
excepcional: un gran dolor!
Fuisteis conmigo pródigos, cual monarcas de
Oriente,
Baltasar, Gaspar y Melchor.
Durante las tristísimas horas de vuestra noche,
terribles horas de expiación,
mi solo bien, mi frágil azucena, su broche
plegaba ya sin remisión.
Todo fue inútil: llanto, plegarias. Y al siguiente
día vi agostarse mi flor.
Fuisteis conmigo pródigos, monarcas del Oriente;
vuestros tres dromedarios trajéronme el presente
más grande, ¡oh Baltasar, oh Gaspar, oh Melchor!

HASTA MURIÉNDOTE

Hasta muriéndote me hiciste bien,
porque la pena de aquel edén
incomparable que se perdió,
trocando en ruego mi vieja rima,
llevó mis ímpetus hacia la cima,
pulió mi espíritu como una lima
y como acero mi fe templó.
Hoy, muy dolido, mas ya sereno,
por ti quisiera ser siempre bueno,
de los que sufren tengo piedad;
en mi alma huérfana, sólo Dios priva,
nada mi vuelo mental cautiva,
y es mi esperanza cual siempreviva
que se abre a un beso de eternidad.

¡QUÉ IMPORTA!

¡Qué importa que no sepas como te sigo amando
más allá del sepulcro, si lo sé yo con creces!
¡Qué importa que no escuches cómo estoy sollozando
si escucho mi sollozo yo, que soy tú dos veces !

QUEDAMENTE...

Me la trajo quedo, muy quedo, el Destino,
y un día, en silencio me la arrebató;
llegó sonriendo; se fue sonriente;
quedamente vino;
vivió quedamente;
¡queda... quedamente desapareció!

EL QUE MÁS AMA...

Si no te supe yo comprender,
si una lágrima te hice verter,
bien sé que al cabo perdonarás
con toda tu alma... ¡Qué vas a hacer!
¡El que más ama perdona más!

¡SI PUDIERA SER HOY!...

Como verte es el único ideal que persigo,
sin vivir en mí estoy,
y muriendo del ansia de reunirme contigo,
cada día me digo
«¡Si pudiera ser hoy!»

PERDÓN

Perdóname, Ideal, para que pueda
irme en paz al venir mi última hora...
Es tan dulce el perdón: ¡prerrogativa
de los Dioses! Perdóname, Inmortal:
«El que todo lo sabe lo perdona
todo», y hoy, Ideal, todo lo sabes
con la sabiduría de la muerte.
Que tu perdón en mi alma se derrame
como un rayo de luna en el silencio
de una mística noche...
Que caiga como pétalos de lirio
sobre el hondo cansancio de mi vida.
Perdóname, Ideal, para que pueda
morir en paz.

LA APARICIÓN

Cristo dijo que allí donde nos reuníesemos en su nombre, estaría Él en medio de nosotros. No es, pues, extraño que aquella noche misteriosa en que hablábamos de Él con unción cordial, de su inmensa alma diáfana, de su ternura grande como el universo, de su espíritu de sacrificio incomparable, del sabor místico de su caridad, que nos penetra y nos envuelve, Él se presentara de pronto, suavemente, en el corro.

Lejos de sorprendernos, su aparición divina nos pareció natural. Quizá no se trataba propiamente de una aparición; más bien le sentíamos dentro de nosotros; pero la realidad de su presencia era absoluta, imponente, superior a toda convicción.

En vez de turbarnos, experimentamos todos un bienestar infinito.

Cristo nos bendijo y, sonriéndonos, con aquella indecible sonrisa, nos preguntó:

—¿Qué deseáis que os dé antes de volver al padre?

—Señor —dijo Rafael—, deseo que me perdones mis pecados.

—Perdonados están —respondió Jesús, siempre sonriendo.

—Yo, Señor —dijo Gabriel—, ansío estar contigo...

—Pronto estarás —replicó Cristo amorosamente—. Y tú —me preguntó—, ¿qué quieres, hijo?

Iba a decirte algo de mi muerta; pero no sé por qué, al ver la expresión divina de su rostro, comprendí que no era preciso decirle nada; que los muertos estaban en paz en su seno, junto a su corazón, y que todas las cosas que sucedían eran paternalmente dispuestas o reparadas.

—Qué anhelas, hijo? —repitió Jesús, y yo respondí:

—Señor, ¿qué puedo anhelar, si todo está bien? Yo sólo deseo que se haga en mí tu voluntad...

Cristo me miró con ternura (¡qué mirada de éxtasis!); pasó su mano translúcida por mis cabellos...

Después se alejó sonriendo, como había venido.

TANATOFILA

¡Oh, Muerte en otros días, que recordar no puedo sin emoción profunda, te tenía yo miedo!... En medio de la noche, incapaz de dormir, clamaba congojado: «Yo tengo que morir... ¡Yo tengo que morir irremisiblemente!» Y sudores glaciales empapaban mi frente.

¿A quién tender la mano ni de quién esperar? Estaba solo, solo de la vida en el mar... Tenía un formidable aislador: la pobreza, y ningún seno de hembra brindaba en mi cabeza febril una almohada. Estaba solo, solo; ¿de quién esperar nada?

Mas pasaron los años, y un día, una chiquilla bondadosa me quiso. ¡Era noble, sencilla; la fortuna la había tratado con rigor: nos unimos... y, juntos, nos hallamos mejor!

Entonces, si la muerte volvía , con su quedo andar, yo le tenía ya mucho menos miedo. Buscaba, despertando, la diestra tan leal de mi amiga, y con ímpetu resuelto, fraternal, la estrechaba, pensando: «¡Con ella nada temo! Con tal de marchar juntos, ¿qué importan tu supremo horror y tus supremos abismos, oh, callada Eternidad?... Con ella no temo nada, nada.

¿El infierno? —¡El infierno será donde ella falte! ¿Y el cielo? —Pues donde ella se encuentre... Que me exalte o me deprime tanto como quiera mi estrella: ¿Qué importa, si desciendo y asciendo yo con ella? ¿Qué más me dan las hondas negruras del Arcano, si voy por los abismos cogido de su mano?»

¡Pero tanta ventura enojó no sé a quién en las tinieblas, y una hoz me segó mi bien! Una garra de sombra solapando su dolo, me la mató... ¡y entonces me volví a quedar solo! Solo, pero con una soledad más terrible que antes.

Sollozando, buscaba a la Invisible y pedía piedad a lo desconocido; abriendo bien los ojos y aguzando el oído, en un mutismo trágico, pretendía escuchar siquiera una palabra que me hiciese esperar...

Mas no plugo a la Esfinge responder a mi grito, y ante el inexorable callar del Infinito (tal vez indiferente, tal vez hosco y fatal) escondí en lo más hondo del corazón mi mal, y apático y ayuno de deseo y de amor, entré resueltamente dentro de mi Dolor como dentro de una gran torre silenciosa...

Mis pobres rimas fieles me decían: «Reposa, y luego, con nosotras, canta el mal que sufriste; ven, duerme en nuestro dulce regazo, no estés triste. ¡Aún hay muchas cosas que cantar..., cobra fe!»

Y yo les respondía: «¡Para qué! ¡para qué!...» Mas ellas insistían; en mi redor volaban, y como eran las únicas que no me abandonaban, acabé por oírlas...

Un libro, gota a gota, se rezumó, con lágrimas y sangre, de la rota entraña; un haz de rimas brotó para el Lucero inaccesible, un libro de tal suerte sincero, tan íntimo, tan hondo, que si desde su fría quietud ella lo viese... me lo agradecería.

Después de haber escrito, quedé más resignado, como si en su fiel ánfora hubiese yo vaciado todo lo crespo y turbio de mi dolor presente, dejando en la alma sólo la linfa transparente, el caudal cristalino, diáfano, de mi pena, profundo cual la noche, cual la noche serena.

Y aquel fantasma negro, que miraba temblando yo antes, blandamente se fue transfigurando... En la pálida faz del espectro, indecisa como un albor naciente, brotaba una sonrisa; brotaba una sonrisa tan cordial, de tal suerte hospitalaria, que me pareció la Muerte más madre que las madres; su boca, ayer horrible, más que todas las bocas de hembra apetecible, sus brazos, más seguros que todos los regazos... ¡Y acabé por echarme, como un niño, en sus brazos!

Hoy, ella es la divina barquera en quien me fío; con ella, nada temo; con ella nada ansío. En su gran barca de ébano, llena de majestad, me embarcaré tranquilo para la Eternidad.

RESTITUCIÓN

¿Encontrará la ciencia las almas de los muertos
un día, y a la angustia y el llanto que los van
buscando, del Enigma por los limbos inciertos,
responderá la boca del abismo: «Aquí están»?
¿Descubriremos ondas etéreas que transmitan
a los desaparecidos la voz de nuestro amor,
y habrá para lo que ellos decirnos necesitan
algún maravilloso y oculto receptor?
¡Oh milagro, tu sola perspectiva nos pasma!
Pero ¿qué hay imposible para la voluntad
del hombre, que a su antojo tenaz todo lo plasma?
¡Ante el imperativo del genio, mi fantasma
tendrás que devolverme por fuerza, Eternidad!

BUSCANDO

Entre el dudoso cortejo
de sombras, peregrinando
voy una sombra buscando.
En el místico reflejo
de la noche constelada
quiero hallar una mirada.
Asir anhela mi oído
una voz que se ha extinguido
entre los ecos lejanos.
Al pasar por un jardín
finge el roce de un jazmín
la caricia de *sus* manos.
¡Oh sombra, mirada, voz,
manos!; el vórtice atroz
de la eternidad callada
os sorbió. ¡Triste de mí,
que no tengo nada, nada;
que ya todo lo perdí!

INDESTRUCTIBLE

Bien ves, si me estás mirando,
que desde que te perdí,
mi vida se va pasando
piadosamente pensando
en ti;
que incólume, sin desgaste,
¡oh Ideal!, has de vivir
en el alma en que anidaste,
y que lo que edificaste
ni Dios lo querrá destruir.

LA BELLA DEL BOSQUE DURMIENTE

Tu amada muerta muerta es como una princesa que
/duerme.

Su alma, en un total olvido de sí misma, flota en la
/noche.

Mas si tú persistes en quererla,
Un día esta persistencia de tu amor la recordará.
Su espíritu tornará a la conciencia de su ser,
y sentirás en lo íntimo de tu cerebro el suave latido de
su despertar y el influjo inconfundible de su vieja
/ternura que vuelve...
Comprenderás entonces, merced a estos signos
misteriosos, que una vez más el amor ha vencido a la
/muerte.

«ED: ELLA OV’E? DE SUBITO DISS’IO»

DANTE: *Paraíso*

Si tras el negro muro de granito
de la muerte hay un mundo, un más allá,
al cruzar el dintel del infinito
mi pregunta primer, mi primer grito,
ha de ser: «Y ella, y ella, ¿dónde está?»
Y una vez que te encuentre, penetrado
de una inmensa y sublime gratitud
para quien quiso fuera de ti amado
y me permite haberte recobrado,
¡a qué pedir más beatitud!

LOS MUERTOS

El Paraíso existe;
pero no es un lugar (cual la creencia
común pretende) tras el hosco y triste
bregar del mundo; el paraíso existe;
pero es sólo un estado de conciencia.
Los muertos no se van a parte alguna,
no emprende al azul remotos viajes,
ni anidan en los cándidos celajes,
ni tiemblan en los rayos de la luna...
Son voluntades lúcidas, atentos
y alados pensamientos
que flotan en redor, como diluidos
en la sombra; son límpidos intentos
de servirnos en todos los momentos;
son amores custodios, escondidos.
Son númenes propicios que se escudan
en el arcano, mas que no se mudan
para nosotros; que obran en las cosas
por nuestro bien;, son fuerzas misteriosas,
que, si las invocamos, nos ayudan.

¡Feliz quien a su lado
tiene el alma de un muerto idolatrado
y en las angustias del camino siente
sutil, mansa, impalpable, la delicia
de su santa caricia,
como un soplo de paz sobre la frente!

SÓLO TÚ

Cuando lloro con todos los que lloran,
cuando ayudo a los tristes con su cruz,
cuando parto mi pan con los que imploran,
eres tú quien me inspira, sólo tú,
Cuando marcho sin brújula ni tino,
perdiendo de mis alas el albor
en tantos barrizales del camino,
soy yo el culpable, solamente yo.
Cuando miro al que sufre como hermano;
cuando elevo mi espíritu al azul;
cuando me acuerdo de que soy cristiano,
eres tú quien me inspira, sólo tú.
Pobres a quienes haya socorrido,
almas obscuras a las que di luz:
¡no me lo agradezcáis, que yo no he sido!
Fuiste tú, muerta mía, fuiste tú...

«BENEDICTA»

No sé adónde llevóse la marea
de la muerte tu ser, pero yo exclamo,
con el inmenso amor con que te amo:
»¡Dondequiera que esté, bendita sea!»

NO LO SÉ

Crepitan ya las velas en la ría;
tú ¿por qué no te embarcas, alma mía?
—Porque Dios no lo quiere todavía.
—Mira: piadosamente las estrellas
nos envían sus trémulas centellas...
—Bien quisiera vestirme toda de ellas!
—Tu amiga, la más tierna, ya se fue.
Los que te aman se van tras ella; ¿qué
vas a hacer tú tan sola?
—No lo sé.

EL CELAJE

¿Adónde fuiste, Amor, adónde fuiste?
Se extinguió del poniente el manso fuego,
y tú, que me decías «hasta luego,
volveré por la noche»..., ¡no volviste!
¿En qué zarzas tu pie divino heriste?
¿Qué muro cruel te ensordeció a mi ruego?
¿Qué nieve supo congelar tu apego
y a tu memoria hurta mi imagen triste?
Amor, ¡ya no vendrás! En vano, ansioso,
de mi balcón atalayando vivo
el campo verde y el confín brumoso;
y me finge un celaje fugitivo
nave de luz en que, al final reposo,
va tu dulce fantasma pensativo.

Otros poemas

A FELIPE II

Ignoro qué corriente de ascetismo,
qué relación, qué afinidad obscura
enlazó tu tristura y mi tristura
y adunó tu idealismo y mi idealismo;

mas sé por intuición que un astro mismo
surgió de nuestra noche en la pavura,
y que en mí como en ti riñe la altura
un combate mortal con el abismo.

¡Oh rey, eres mi rey! Hosco y sañudo
también soy; en un mar de arcano duelo
mi luminoso espíritu se pierde,

y escondo como tú, soberbio y mudo,
bajo el negro jubón de terciopelo,
el cáncer implacable que me muerde.

A LA CATÓLICA MAJESTAD DE PAUL VERLAINE

Para Rubén Darío

Padre viejo y triste, rey de las divinas canciones:
son en mi camino focos de una luz enigmática
tus pupilas mustias, vagas de pensar y abstracciones,
y el límpido y noble marfil de tu *testa socrática.*
Flota, como el tuyo, mi afán entre dos aguijones:
alma y carne; y brega con doble corriente simpática
para hallar la ubicua beldad con nefandas uniones,
y después expía y gime con lira hierática.
Padre, tú que hallaste por fin el sendero, que, arcano,
a Jesús nos lleva, dame que mi numen doliente
virgen sea, y sabio, a la vez que radioso y humano.
Tu virtud lo libre del mal de la antigua serpiente,
para que, ya salvos al fin de la dura pelea,
laudemos a Cristo en vida perenne. Así sea.

A LEONOR

Tu cabellera es negra como el ala
del misterio; tan negra como un lóbrego
jamás, como un adiós, como un «¡quién sabe!»
Pero hay algo más negro aún: ¡tus ojos!

Tus ojos son dos magos pensativos,
dos esfinges que duermen en la sombra,
dos enigmas muy bellos... Pero hay algo,
pero hay algo más bello aún: tu boca.

Tu boca, ¡oh sí!; tu boca, hecha divinamente
para el amor, para la cálida
comunión del amor, tu boca joven;
pero hay algo mejor aún: ¡tu alma!

Tu alma recogida, silenciosa,
de piedades tan hondas como el piélago,
de ternuras tan hondas...
                    Pero hay algo,
pero hay algo más hondo aún: ¡tu ensueño!

A NÉMESIS

Tu brazo en el pensar me precipita,
me robas cuanto el alma me recrea,
y casi nada tengo flor que orea
tu aliento de simún, se me marchita.

Pero crece mi fe junto a mi cuita,
y digo como el Justo de Idumea:
Así lo quiere Dios, ¡bendito sea!;
El Señor me lo da y Él me lo quita.

Que medre tu furor, nada me importa;
Puedo todo en aquel que me conforta,
y me resigno al duelo que me mata;

Porque, roja visión en noche obscura,
Cristo va por mi vía de amargura
agitando su túnica escarlata.

A UNA FRANCESA

El mal, que en sus recursos es proficuo,
jamás en vil parodia tuvo empachos:
Mefistófeles es un cristo oblicuo
que lleva retorcidos los mostachos.

Y tú, que eres unciosa como un ruego
y sin mácula y simple como un nardo,
tienes trágica crin dorada a fuego
y amarillas pupilas de leopardo.

ABANICO

Flamean coruscantes las chaquetillas,
la luz sobre las ropas tiembla y resbala,
y fingen pirotecnias las banderillas
y auroras las bermejas capas de gala.

El sol arde en los gajos de las sombrillas,
el clarín su alarido de muerte exhala,
y el diestro, ante los charros y las mantillas,
a la bestia que muge brinda y regala.

En tanto una damita, toda nerviosa,
se cubre con las manos la faz hermosa
que enmarcan los caireles de seda y oro,

y entreabre en abanico los leves dedos,
para ver tras aquella reja, sin miedos,
cómo brota la noble sangre del toro.

AMABLE Y SILENCIOSO

Amable y silencioso ve por la vida, hijo.
Amable y silencioso como rayo de luna...
En tu faz, como flores inmateriales, deben
florecer las sonrisas.

Haz caridad a todos de esas sonrisas, hijo.
Un rostro siempre adusto es un día nublado
es un paisaje lleno de hosquedad, es un libro
en idioma extranjero.

Amable y silencioso ve por la vida, hijo.
Escucha cuanto quieran decirte y tu sonrisa
sea elogio, respuesta, objeción, comentario,
advertencia y misterio...

¡AMÉMONOS!

Si nadie sabe ni por qué reímos
Ni por qué lloramos;
Si nadie sabe ni por qué vinimos
Ni por qué nos vamos;
Si en un mar de tinieblas nos movemos;
Si todo es noche en derredor y
Arcano,
¡A lo menos amémonos!
¡quizá no sea en vano!

ANDRÓGINO

Por ti, por ti, clamaba cuando surgiste,
infernal arquetipo, del hondo Erebo,
con tus neutros encantos, tu faz de efebo,
tus senos pectorales, y a mí viniste.

Sombra y luz, yema y polen a un tiempo fuiste,
despertando en las almas el crimen nuevo,
ya con virilidades de dios mancebo,
ya con mustios halagos de mujer triste.

Yo te amé porque, a trueque de ingenuas gracias,
tenias las supremas aristocracias:
sangre azul, alma huraña, vientre infecundo;

porque sabías mucho y amabas poco,
y eras síntesis rara de un siglo loco
y floración malsana de un viejo mundo.

ANHELOS

La aurora es el fulgor de tu mirada...
Cuando se pinta en el sereno río
con tinta nacarada
la bóveda serena y azulada,
semeja tu sonrisa, Dueño mío!
Las entreabiertas flores
muestra en cada pétalo tus huellas...
Los pájaros cantores
dicen tu nombre, y con sin par fulgores
lo escriben en el cielo las estrellas!
Dios, Dios por dondequiera!
Los mares, la montaña, la pradera
la luz amarillenta de la luna,
del viejo templo la grietosa ruina,
los mirlos que se arrullan en la encina;
la gaviota que cruza la laguna,
todo me habla de ti, todo me advierte
tu amor y tu ternura,
y mi espíritu anhela ya por verte!

¿Qué me importa morir, si con la muerte
encuentro tras la negra sepultura?
Morir...y estar contigo...
dulce esperanza, bienhechor abrigo
donde mi corazón halla el consuelo
que su ventura encierra!
¿Por qué peregrinar tanto en la tierra
si la patria del alma está en el cielo?

APOCALÍPTICA

Y juró, por el que vive en los siglos de los siglos,
que no habrá más tiempo
Y vi las sombras de los que fueron,
en sus sepulcros, y así clamaron:
«¡Ay de los vientres que concibieron!
¡Ay de los senos que amamantaron!»
«La noche asperja los cielos de oro;
mas cada estrella del negro manto
es una gota de nuestro lloro...
¿Verdad que hay muchas? ¡Lloramos tanto...!
«¡Ay de los seres que se quisieron
y en mala hora nos engendraron!
¡Ay de los vientres que concibieron!
¡Ay de los senos que amamantaron!»
Huí angustiado, lleno de horrores;
pero la turba conmigo huía,
y con sollozos desgarradores
su *ritornello* feroz seguía.
«¡Ay de los seres que se quisieron
y en mala hora nos engendraron!

¡Ay de los vientres que concibieron!
¡Ay de los senos que amamantaron!»
Y he aquí los astros —chispas de fraguas
del viejo Cosmos— que descendían
y, al apagarse sobre las aguas,
en hiel y absintio las convertían.
Y a los fantasmas su voz unieron
los *Siete Truenos:* estremecieron
el Infinito y así clamaron:
«¡Ay de los vientres que concibieron!
¡Ay de los senos que amamantaron!»

AUTOBIOGRAFÍA

¿Versos autobiográficos ? Ahí están mis canciones,
allí están mis poemas: yo, como las naciones
venturosas, y a ejemplo de la mujer honrada,
no tengo historia: nunca me ha sucedido nada,
¡oh, noble amiga ignota!, qué pudiera contarte.

Allá en mis años mozos adiviné del Arte
la armonía y el ritmo, caros al musageta,
y, pudiendo ser rico, preferí ser poeta.
—¿Y después?

—He sufrido, como todos, y he amado.

¿Mucho?

—Lo suficiente para ser perdonado.

AZRAEL

Now I must sleep ...
BYRON
To die, to sleep... to sleep...
perchance to dreame.
Hamlet, III, IV

Azrael, abre tu ala negra, y honda,
cobíjeme su palio sin medida,
y que a su abrigo bienhechor se esconda
la incurable tristeza de mi vida.
Azrael, ángel bíblico, ángel fuerte,
ángel de redención, ángel sombrío,
ya es tiempo que consagres a la muerte
mi cerebro sin luz: altar vacío...
Azrael, mi esperanza es una enferma;
ya tramonta mi fe; llegó el ocaso,
ven, ahora es preciso que yo duerma...
¿Morir..., dormir..., dormir...? ¡Soñar acaso!

BRAHMA NO PIENSA

Ego sum quo sum

Brahma no piensa: pensar limita.
Brahma no es bueno ni malo, pues
las cualidades en su infinita
substancia huelgan. Brahma es lo que es.

Brahma, en un éxtasis perenne, frío,
su propia esencia mirando está.
¡Si duerme, el Cosmos torna al vacío;
mas si despierta renacerá!

COBARDÍA

Pasó con su madre. ¡Qué rara belleza!
¡Qué rubios cabellos de trigo garzul!
¡Qué ritmo en el paso! ¡Qué innata realeza
de porte! ¡Qué formas bajo el fino tul...!
Pasó con su madre. Volvió la cabeza:
¡me clavó muy hondo su mirar azul!
Quedé como en éxtasis...
Con febril premura,
«¡Síguela!», gritaron cuerpo y alma al par.
...Pero tuve miedo de amar con locura,
de abrir mis heridas, que suelen sangrar,
¡y no obstante toda mi sed de ternura,
cerrando los ojos, la deje pasar!

COMO EL VENERO

Recibe el don del cielo, y nunca pidas
nada a los hombres; pero da si puedes;
da sonriendo y con amor, no midas
jamás la magnitud de tus mercedes.

Nada te debe aquél a quien le diste;
por eso tú su gratitud esquiva.
Él fue quien te hizo bien, ya que pudiste
ejercer la mejor prerrogativa,

que es dar, y que a pocos Dios depara.
Da, pues como el venero cristalino,
que siempre brinda más del agua clara
que le pide el sediento peregrino.

CONTIGO

Espíritu que no hallas tu camino,
que hender quieres el cielo cristalino
y no sabes qué rumbo
has de seguir, y vas de tumbo en tumbo.
llevado por la fuerza del destino:

¡Detente! Pliega el ala voladora:
¡buscas la luz y en ti llevas la aurora;
recorres un abismo y otro abismo
para encontrar al Dios que te enamora,
y a ese Dios tú lo llevas en ti mismo!

¡Y el agitado corazón, latiendo,
en cada golpe te lo está diciendo,
y un misterioso instinto,
de tu alma en el oscuro laberinto,
te lo va noche a noche repitiendo!

...¡Mas tú sigues buscando lo que tienes!
Dios. En ti, de tus ansias es testigo;
y, mientras pesaroso vas y vienes,
como el duende del cuento, Él va contigo.

DAR

Todo hombre que te busca, va a pedirte algo.

El rico aburrido, la amenidad de tu conversación; el pobre, tu dinero; el triste, un consuelo; el débil un estímulo; el que lucha, una ayuda moral.

Todo hombre que te busca, de seguro va a pedirte algo.

¡Y tú osas impacientarte! ¡Y tú osas pensar: "¡Qué fastidio!"

¡Infeliz! La ley escondida que reparte las excelencia se ha dignado otorgarte el privilegio de los privilegios, el bien de los bienes, la prerrogativa de las prerrogativas: ¡DAR!; ¡tú puedes DAR!

¡En cuantas horas tiene el día, tú das, aunque sea una sonrisa, aunque sea un apretón de manos, aunque sea una palabra de aliento!

¡En cuantas horas tiene el día, te pareces a ÉL, que no es sino dación perpetua, difusión perpetua y regalo perpetuo!

Debieras caer de rodillas ante el Padre, y decirle: «¡Gracias porque puedo dar, Padre mío; ¡nunca más pasará por mi semblante la sombra de una impaciencia».

¡En verdad os digo que vale más dar que recibir!

DEIDAD

Como duerme la chispa en el guijarro
y la estatua en el barro,
en ti duerme la divinidad.
Tan sólo en un dolor constante y fuerte
al choque, brota de la piedra inerte
el relámpago de la deidad.
No te quejes, por tanto, del destino,
pues lo que en tu interior hay de divino
sólo surge merced a él.
Soporta, si es posible, sonriendo,
la vida que el artista va esculpiendo,
el duro choque del cincel.
¿Qué importan para ti las horas malas,
si cada hora en tus nacientes alas
pone una pluma bella más?
Ya verás al cóndor en plena altura,
ya verás concluida la escultura,
ya verás, alma, ya verás...

DENTRO DE TI ESTÁ EL SECRETO

Busca dentro de ti la solución de todos los problemas, hasta de aquellos que creas más exteriores y materiales.

Dentro de ti está siempre el secreto; dentro de ti están todos los secretos.

Aun para abrirte camino en la selva virgen, aun para levantar un muro, aun para tender un puente, has de buscar antes, en ti, el secreto.

Dentro de ti hay tendidos ya todos los puentes.

Están cortadas dentro de ti las malezas y lianas que cierran los caminos.

Todas las arquitecturas están ya levantadas dentro de ti.

Pregunta al arquitecto escondido; él te dará sus fórmulas.

Antes de ir a buscar el hacha de más filo, la piqueta más dura, la pala más resistente, entra en tu interior y pregunta...

Y sabrás lo esencial de todos los problemas y se te enseñará la mejor de todas las fórmulas, y se te dará la más sólida de todas las herramientas.

Y acertarás constantemente, pues que dentro de ti llevas la luz misteriosa de todos los secretos.

DESPUÉS

Te odio con el odio de la ilusión marchita:
¡Retírate! He bebido tu cáliz, y por eso
mis labios ya no saben dónde poner su beso;
mi carne, atormentada de goces, muere ahíta.

Safo, Crisis, Aspasia, Magdalena, Afrodita,
cuanto he querido fuiste para mi afán avieso.
¿En dónde hallar espasmos, en dónde hallar exceso
que al punto no me brinde tu perversión maldita?

¡Aléjate! Me invaden vergüenzas dolorosas,
sonrojos indecibles del mal, rencores francos,
al ver temblar la fiebre sobre tus senos rosas.

No quiero más que vibre la lira de tus flancos:
déjame solo y triste llorar por mis gloriosas
virginidades muertas entre tus muslos blancos.

DIOS ES AMOR

Si amor suspira el agua placentera,
si amor dicen del ave las querellas,
si con letras de fuego las estrellas
amor van escribiendo por la esfera;
si lo expresa la flor de la pradera
que el sol a las cándidas centellas
sus hojas abre porque deje en ellas
el rocío de los cielos Primavera,
si palpita el amor en cuanto existe,
si todo lo publica en tono vario:
las estrellas, los mares y las flores;
Dios que de la carne se reviste
muriendo por el hombre en el Calvario,
¿no es la inmensa expresión de los amores?

DIOS HARÁ LO DEMÁS

¿Qué es inútil mi afán por conquistarte:
que ni me quieres hoy ni me querrás...?
Yo me contento, Amor, con adorarte:
¡Dios hará lo demás!

Yo me contento, Amor, con sembrar rosas
en el camino azul por donde vas.
Tú sin mirarlas, en su senda posas
el pie: ¡Quizás mañana las veras!

Yo me contento, Amor, con sembrar rosas
¡Dios hará lo demás!

DIOS TE LIBRE, POETA

Dios te libre, poeta,
de verter en el cáliz de tu hermano
la más pequeña gota de amargura,
Dios de libre poeta,
de interceptar siquiera con tu mano
la luz que el sol regale a una criatura.
Dios te libre, poeta,
de escribir una estrofa que contriste;
de turbar con tu ceño
y tu lógica triste
la lógica divina de un ensueño:
de obstruir el sendero, la vereda
que recorra la más humilde planta;
de quebrantar la pobre hoja que rueda;
de entorpecer, ni con el más suave
de los pesos, el ímpetu de un ave
o de un bello ideal que se levanta.
Ten, para todo júbilo, la santa
sonrisa acogedora que lo aprueba:

pon una nota nueva
en toda voz que canta;
y resta, por lo menos,
un mínimo aguijón a cada prueba
que torture a los malos y a los buenos.

DORMIR

¡Yo lo que tengo, amigo, es un profundo
deseo de dormir!... ¿Sabes?: el sueño
es un estado de divinidad.
El que duerme es un dios... Yo lo que tengo,
amigo, es gran deseo de dormir.

El sueño es en la vida el solo mundo
nuestro, pues la vigilia nos sumerge
en la ilusión común, en el océano
de la llamada «Realidad». Despiertos
vemos todos lo mismo:
vemos la tierra, el agua, el aire, el fuego,
las criaturas efímeras... Dormidos
cada uno está en su mundo,
en su exclusivo mundo:
hermético, cerrado a ajenos ojos,
a ajenas almas; cada mente hila
su propio ensueño (o su verdad: ¡quién sabe!)

Ni el ser más adorado
puede entrar con nosotros por la puerta

de nuestro sueño. Ni la esposa misma
que comparte tu lecho
y te oye dialogar con los fantasmas
que surcan por tu espíritu
mientras duermes, podría,
aun cuando lo ansiara,
traspasar los umbrales de ese mundo,
de tu mundo mirífico de sombras.
¡Oh, bienaventurados los que duermen!
Para ellos se extingue cada noche,
con todo su dolor el universo
que diariamente crea nuestro espíritu.
Al apagar su luz se apaga el cosmos.

El castigo mayor es la vigilia:
el insomnio es destierro
del mejor paraíso...

Nadie, ni el más feliz, restar querría
horas al sueño para ser dichoso.
Ni la mujer amada
vale lo que un dormir manso y sereno
en los brazos de Aquel que nos sugiere
santas inspiraciones. ..
«El día es de los hombres; mas la noche,
de los dioses», decían los antiguos.

No turbes, pues, mi paz con tus discursos,
amigo: mucho sabes;
pero mi sueño sabe más... ¡Aléjate!
No quiero gloria ni heredad ninguna:
yo lo que tengo, amigo, es un profundo
deseo de dormir...

EL ALMA Y CRISTO

Señor, ¿por qué si el mal y el bien adunas,
para mi solo hay penas turbadoras?
La noche es negra, pero tiene lunas;
¡el polo es triste, pero tiene auroras!
El látigo fustiga, pero alienta;
el incendio destruye, pero arde,
¡y la nube que fragua la tormenta
se tiñe de arreboles en la tarde!

CRISTO

—¡Insensato! Yo estoy en tus dolores,
soy tu mismo penar, tu duelo mismo;
mi faz en tus angustias resplandece.....
se pueblan los espacios de fulgores
y desgarra sus velos el abismo.

el alma,, EMBELESADA,

—¡Luz....!

CRISTO

——Yo enciendo las albas.

EL AMOR NUEVO

Todo amor nuevo que aparece
nos ilumina la existencia,
nos la perfuma y enflorece.

En la más densa oscuridad
toda mujer es refulgencia
y todo amor es claridad.
Para curar la pertinaz
pena, en las almas escondida,
un nuevo amor es eficaz;
porque se posa en nuestro mal
sin lastimar nunca la herida,
como un destello en un cristal.

Como un ensueño en una cuna,
como se posa en la ruina
la piedad del rayo de la luna.
como un encanto en un hastío,
como en la punta de una espina
una gotita de rocío...

¿Que también sabe hacer sufrir?
¿Que también sabe hacer llorar?
¿Que también sabe hacer morir?

—Es que tú no supiste amar...

EL DÍA QUE ME QUIERAS

El día que me quieras tendrá más luz que junio;
la noche que me quieras será de plenilunio,
con notas de Beethoven vibrando en cada rayo
sus inefables cosas,
y habrá juntas más rosas
que en todo el mes de mayo.

Las fuentes cristalinas
irán por las laderas
saltando cristalinas
el día que me quieras.

El día que me quieras, los sotos escondidos
resonarán arpegios nunca jamás oídos.
Éxtasis de tus ojos, todas las primaveras
que hubo y habrá en el mundo serán cuando me
/quieras.

Cogidas de la mano cual rubias hermanitas,
luciendo golas cándidas, irán las margaritas

por montes y praderas,
delante de tus pasos, el día que me quieras...
Y si deshojas una, te dirá su inocente
postrer pétalo blanco: ¡Apasionadamente!

Al reventar el alba del día que me quieras,
tendrán todos los tréboles cuatro hojas agoreras,
y en el estanque, nido de gérmenes ignotos,
florecerán las místicas corolas de los lotos.

El día que me quieras será cada celaje
ala maravillosa; cada arrebol, miraje
de «Las Mil y una Noches»; cada brisa un cantar,
cada árbol una lira, cada monte un altar.

El día que me quieras, para nosotros dos
cabrá en un solo beso la beatitud de Dios.

EL GRAN VIAJE

¿Quién será, en un futuro muy lejano,
el Cristóbal Colón de algún planeta?
¡Quién logrará, con máquina potente,
sondear el océano
del éter, y llevarnos de la mano
allí donde llegaran solamente
los osados ensueños del poeta?
¿Quién será, en un futuro muy lejano,
el Cristóbal Colón de algún planeta?
¿Y qué sabremos tras el viaje augusto?
¿Qué nos enseñaréis, humanidades
de otras orbes, que giran
en la divina noche silenciosa,
y que acaso hace siglos que nos miran?
Espíritus a quienes las edades
en su fluir robusto
mostraron ya la clave portentosa
de lo Bello y lo Justo,
¿cuál será la cosecha de verdades
que déis al hombre, tras el viaje augusto?

¿Con qué luz nueva escrutará el arcano?
¡Oh la esencial revelación completa
que fije nuevo molde al barro humano!
¿Quién será, en un futuro muy lejano,
el Cristóbal Colón de algún planeta?

EL METRO DE DOCE

El metro de doce son cuatro donceles,
donceles latinos de rítmica tropa,
son cuatro hijosdalgo con cuatro corceles;
el metro de doce galopa, galopa...
Eximia cuadriga de caso sonoro
que arranca al guijarro sus chispas de oro,
caballos que en crines de seda se arropan
o al viento las tienden como pabellones;
pegasos fantasmas, los cuatro bridones
galopan, galopan, galopan, galopan...
¡Oh, metro potente, doncel soberano
que montas nervioso bridón castellano
cubierto de espumas perladas y blancas:
apura la fiebre del viento en la copa
y luego galopa, galopa, galopa,
llevando en Ensueño prendido a tus ancas!
El metro de doce son cuatro garzones,
garzones latinos de rítmica tropa;
son cuatro hijosdalgo con cuatro bridones:
el metro de doce galopa, galopa...

EL MILAGRO

¡Señor, yo te bendigo, porque tengo esperanza!
Muy pronto mis tinieblas se enjoyaran de luz...
Hay presentimiento de sol en lontananza;
Mi frente, ayer marchita y obscura, se levanta
hoy, aguardando el místico beso del ideal.
Mi corazón es nido celeste, donde canta
el ruiseñor de Alfeo su canción de cristal.
...Dudé —¿por qué negarlo?—,
y en las olas me hundía,
como Pedro, a medida que más hondo dudé.
Pero Tú me diste la diestra, y sonreía
tu boca murmurando: «¡Hombre de poca fe!»
¡Qué mengua! Desconfiaba de ti, como si fuese
algo imposible al alma que espera en el Señor;
como si quien demandara luz y amor, no pudiese
recibirlos del Padre: fuente de luz y amor.
Mas hoy, Señor, me humillo, y en sus crisoles
fragua, una fe de diamantes mi excelsa voluntad.
La arena me dio flores, la roca me dio agua,
me dio el simún frescura, y el tiempo eternidad.

EL PRIMER BESO

Yo ya me despedía.... y palpitante
cerca mi labio de tus labios rojos,
«Hasta mañana», susurraste;
yo te miré a los ojos un instante
y tú cerraste sin pensar los ojos
y te di el primer beso: alcé la frente
iluminado por mi dicha cierta.

Salí a la calle alborozadamente
mientras tú te asomabas a la puerta
mirándome encendida y sonriente.
Volví la cara en dulce arrobamiento,
y sin dejarte de mirar siquiera,
salté a un tranvía en raudo movimiento;
y me quedé mirándote un momento
y sonriendo con el alma entera,
y aún más te sonreí... Y en el tranvía
a un ansioso, sarcástico y curioso,
que nos miró a los dos con ironía,
le dije poniéndome dichoso:
-«Perdóneme, Señor esta alegría.»

EL PRIMER SUEÑO

Y un sueño viene a mí. Cruza la sala
con vuelo de fantasmas, y se divulga
un rumor ideal si bate el ala,
y es tan puro como una colegiala
vestidita de lino, que comulga:
¡La fe de mi niñez!

EL SEGUNDO SUEÑO

Oigo un scherzo
inefable, que el ánima me arroba,
y otro sueño se acerca entre el disperso
enjambre, y es azul: el primer verso
que escribí, niño y trémulo, en mi alcoba...

EL TERCER SUEÑO

Y llega un sueño rosa —¡oh paraíso!—,
y siento no sé qué dulces resabios.
Es el beso primer que, de improviso,
le dejé a una muchacha que me quiso,
cierta noche de abril, entre los labios.

EL CUARTO SUEÑO

Y luego un sueño púrpura ni el cielo
tan vivo luce cuando el sol navega...
Le conozco muy bien: ¡el primer celo!
¡Mas si ya no sé odiar, si ya el Otelo
murió en mi corazón!
¡Qué tarde llega!

EL RETORNO

«Vivir sin tus caricias es mucho desamparo;
vivir sin tus palabras es mucha soledad;
vivir sin tu amoroso mirar, ingenuo y claro,
es mucha oscuridad...»

Vuelvo pálida novia, que solías
mi retorno esperar tan de mañana,
con la misma canción que preferías
y la misma ternura de otros días
y el mismo amor de siempre, a tu ventana.
Y elijo para verte, en delicada
complicidad con la Naturaleza,
una tarde como ésta: desmayada
en un lecho de lilas, e impregnada
de cierta aristocrática tristeza.
¡Vuelvo a ti con los dedos enlazados
en actitud de súplica y anhelo
—como siempre—, y mis labios no cansados
de alabarte, y mis ojos obstinados
en ver los tuyos a través del cielo!

Recíbeme tranquila, sin encono,
mostrando el deje suave de una hermana;
murmura un apacible: «Te perdono»,
y déjame dormir con abandono,
en tu noble regazo, hasta mañana....

EL SECRETO

Hay en tus ojos azules
un gran secreto escondido,
y hay al mirarte, señora,
una pregunta en los míos...
¿Cuál es la pregunta? ¿Cuál es el secreto?
¡Yo lo sé de sobra, pero no lo digo!
Tú bien que lo sabes, pero te lo callas...
Digámoslo entrambos, si te place, a un mismo
tiempo y de manera que nadie lo escuche:
con los trémulos labios unidos....

EL TORBELLINO

«Espíritu que naufraga
en medio de un torbellino,
porque manda mi destino
que lo que no quiero haga;

»frente al empuje brutal
de mi terrible pasión,
le pregunto a mi razón
dónde están el bien y el mal;

»quién se equivoca, quién yerra;
la conciencia, que me grita:
¡Resiste!, llena de cuita,
o el titán que me echa en tierra.

»Si no es mío el movimiento
gigante que me ha vencido,
¿por qué, después de caído,
me acosa el remordimiento?

La peña que fue de cuajo
arrancada y que se abisma,
no se pregunta a sí misma
por qué cayó tan abajo;

mientras que yo, ¡miserable!,
si combato, soy vencido,
y si caigo, ya caído
aún me encuentro culpable,

¡y en el fondo de mi mal,
ni el triste consuelo siento
de que mi derrumbamiento
fue necesario y fatal!»

Así, lleno de ansiedad
un hermano me decía,
y yo le oí con piedad,
pensando en la vanidad
de toda filosofía...,
y clamé, después de oír
«¡Oh, mi sabio no saber,
mi elocuente no argüir,
mi regalado sufrir,
mi ganancioso perder!»

EN PANNE

Atiborrado de filosofía,
por culpa del afán que me devora,
yo, que ya me sabía
dos gramos del vivir, nada sé ahora.

De tanto preguntar
el camino a los sabios que pasaban,
me quedé sin llegar,
mientras tantos imbéciles llegaban...

EN PAZ

Artifex vitae, artifex sui

Muy cerca de mi ocaso, yo te bendigo, Vida,
porque nunca me diste ni esperanza fallida,
ni trabajos injustos, ni pena inmerecida;
porque veo al final de mi rudo camino
que yo fui el arquitecto de mi propio destino;
que si extraje la miel o la hiel de las cosas,
fue porque en ellas puse hiel o mieles sabrosas:
cuando planté rosales coseché siempre rosas.

Cierto, a mis lozanías va a seguir el invierno:
¡mas tú no me dijiste que mayo fuese eterno!

Hallé sin duda largas las noches de mis penas;
mas no me prometiste tan sólo noches buenas;
y en cambio tuve algunas santamente serenas...

Amé, fui amado, el sol acarició mi faz.
¡Vida, nada me debes! ¡Vida, estamos en paz!

ENVÍO

La canción que me pediste,
la compuse y aquí está;
cántala bajito y triste:
ella duerme (para siempre);
la canción la arrullará.
Cántala bajito y triste,
cántala...

ESPACIO Y TIEMPO

...Esta cárcel, estos hierros
en que el alma está metida.
SANTA TERESA

Espacio y tiempo, barrotes
de la jaula
en que el ánima, princesa
encantada,
está hilando, hilando cerca
de las ventanas
de los ojos (las únicas
aberturas por donde
suele asomarse, lánguida).
Espacio y tiempo, barrotes
de la jaula;
ya os romperéis, y acaso
muy pronto, porque cada
mes, hora, instante, os mellan,
¡y el pájaro de oro
acecha una rendija para tender las alas!
La princesa, ladina,
finge hilar; pero aguarda
que se rompa una reja...

En tanto, a las lejanas
estrellas dice: «Amigas
tendedme vuestra escala
de la luz sobre el abismo.»
Y las estrellas pálidas
le responden: «¡Espera,
espera, hermana,
y prevén tus esfuerzos:
ya tendemos la escala!»

¡ESTÁ BIEN!

Porque contemplo aún albas radiosas
y hay rosas, muchas rosas, muchas rosas
en que tiembla el lucero de Belén,
y hay rosas, muchas rosas, muchas rosas
gracias, ¡está bien!

Porque en las tardes, con sutil desmayo,
piadosamente besa el sol mi sien,
y aun la transfigura con su rayo:
gracias, ¡está bien!

Porque en las noches una voz me nombra
(¡voz de quien yo me sé!), y hay un edén
escondido en los pliegues de mi sombra:
gracias, ¡está bien!

Porque hasta el mal en mí don es del cielo,
pues que, al minarme va, con rudo celo,
desmoronando mi prisión también;
porque se acerca ya mi primer vuelo:
gracias, ¡está bien!

EXPECTACIÓN

Siento que algo solemne va a llegar a mi vida.
¿Es acaso la muerte? ¿Por ventura el amor?
Palidece mi rostro, mi alma está conmovida,
y sacude mis miembros un sagrado temblor.

Siento que algo sublime va a encarnar en mi barro
en el mísero barro de mi pobre existir.
Una chispa celeste brotará del guijarro,
y la púrpura augusta va el harapo a teñir.

Siento que algo solemne se aproxima, y me hallo
todo trémulo; mi alma de pavor llena está.
Que se cumpla el destino, que Dios dicte su fallo,
para oír la palabra que el abismo dirá.

ÉXTASIS

Cada rosa gentil ayer nacida,
cada aurora que apunta entre sonrojos,
dejan mi alma en el éxtasis sumida...
¡Nunca se cansan de mirar mis ojos
el perpetuo milagro de la vida!

Años ha que contemplo las estrellas
en las diáfanas noches españolas
y las encuentro cada vez mas bellas.
¡Años ha que en el mar, conmigo a solas,
de las olas escucho las querellas
y aún me pasma el prodigio de las olas!

Cada vez hallo la Naturaleza
más sobrenatural, más pura y santa.
Para mí, en rededor, todo es belleza:
y con la misma plenitud me encanta
la boca de la madre cuando reza
que la boca del niño cuando canta.

Quiero ser inmortal, con sed intensa,
porque es maravilloso el panorama
con que nos brinda la creación inmensa;
porque cada lucero me reclama,
diciéndome al brillar: «¡Aquí se piensa,
también, aquí se lucha, aquí se ama!»

FRENTE A IRLANDA

¡Qué tristes las olas van
a besar tu playa ignota,
donde parece que flota
toda la bruma de Ossián!

¿Saben acaso los mares
el tormento de tu raza
que, entre sollozos, abraza
los Cristos de sus altares?

Lo saben, y con querellas,
Sus ondas ciñentes en coro...
Irlanda, yo también lloro
Tu servidumbre con ellas.

¿Qué quién soy? Niebla que amasa
la vida, voz que se ahoga,
un espíritu que boga
y un pensamiento que pasa;

que al pasar, el duelo ve
en tu angustia faz impreso,
te mira, te manda un beso
y te dice... no sé qué.

¡Adiós Erín! Yo, pequeño
como soy, también escondo
un sueño muerto... ¡tan hondo,
tan hondo como tu sueño!

Sólo que tú vivirás
años de años, y tu anhelo
tal vez cristalizarás,
y yo soy hoja que vuelo
nada más... ¡Ah! ¡nada más!

GLOSA

Estoy triste y sereno ante el paisaje
y desasido estoy de toda cosa,
Ven, ya podemos emprender el viaje
a través de la tarde misteriosa.
Lleno parto de amores y de olvido:
olvido inmenso para todo ultraje
y amor inmenso a los que me han querido.
El mar finge un titán de azur, dormido...
Estoy triste y sereno ante el paisaje.
Trabajé, padecí, fui peregrino resignado;
en mi ruta borrascosa
vi los bienes y males del destino
como se ven las flores del camino,
y desasido estoy de toda cosa...
¡Oh, mi Señor!, tu juicio no me asusta:
ni llevo honores ni riquezas traje,
y fue mi vida de pasión adusta.
Cuán serena la tarde y cuán augusta...
¡Ven, ya podemos emprender el viaje!

Los astros, que nos miran de hito en hito,
parecen, con pestaña luminosa,
invitarnos al viaje que está escrito:
ese viaje sereno al infinito,
a través de la tarde misteriosa.

GÓTICA

Para Balbino Dávalos

Solitario recinto de la abadía;
tristes patios, arcadas de recias claves,
desmanteladas celdas, capilla fría
de historiados altares, de sillería
de roble, domo excelso y obscuras naves;
solitario recinto: ¡cuántas pavesas
de amores que ascendieron hasta el pináculo
donde mora el Cordero, guardan tus huesas...!
Heme aquí con vosotras, las abadesas
de cruces pectorales y de áureo báculo...
Enfermo de la vida, busco la plática
con Dios, en el misterio de su santuario:
tengo sed de idealismo... Legión extática,
de monjas demacradas de faz hierática,
decid: ¿aún vive Cristo tras el sagrario?
Levantaos del polvo, llenad el coro;
los breviarios aguardan en los sitiales,
que vibre vuestro salmo limpio y sonoro,
en tanto que el Poniente nimba de oro
las testas de los santos en los vitrales...

¡Oh claustro silencioso, cuántas pavesas
de amores que ascendieron hasta el pináculo
donde mora el Cordero, guardan tus huesas...
Oraré mientras duermen las abadesas
de cruces pectorales y de áureo báculo...

HAY QUE...

Hay que andar por el camino
posando apenas los pies;
hay que ir por este mundo
como quien no va por él.

La alforja ha de ser ligera,
firme el báculo ha de ser,
y más firme la esperanza
y más firme aún la fe.

A veces la noche es lóbrega;
mas para el que mira bien
siempre desgarra una estrella
la ceñuda lobreguez.

Por último, hay que morir
el deseo y el placer,
para que al llegar la muerte
a buscarnos, halle que

ya estamos muertos del todo,
no tenga nada que hacer
y se limite a llevarnos
de la mano por aquel

sendero maravilloso
que habremos de recorrer,
libertados para siempre
de tiempo y espacio. ¡Amén!

Ha muerto Rubén Darío,
¡el de las piedras preciosas!
Hermano, ¡cuántas noches tu espíritu y el mío,
unidos para el vuelo, cual dos alas ansiosas,
sondear quisieron ávidas el Enigma sombrío,
más allá de los astros y de las nebulosas!

Ha muerto Rubén Darío,
¡el de las piedras preciosas!
¡Cuántos años intensos junto al Sena vivimos,
engarzando en el oro de un común ideal
los versos juveniles que, a veces, brotar vimos
como brotan dos rosas a un tiempo de un rosal!
Hoy tu vida, inquieta cual torrente bravío,
en el Mar de las Causas desembocó; ya posas
las plantas errabundas en el islote frío
que pintó Böckin... ¡ya sabes todas las cosas!

Ha muerto Rubén Darío,
¡el de las piedras preciosas!
Mis ondas rezagadas van de las tuyas; pero
pronto en el insondable y eterno mar del todo
se saciara mi espíritu de lo que saber quiero:
del Cómo y del Porqué, de la Esencia y del Modo.
Y tú, como en Lutecia las tardes misteriosas
en que pensamos juntos a la orilla del Río
lírico, habrás de guiarme... Yo iré donde tu osas,
para robar entrambos al musical vacío
y al coro de los orbes sus claves portentosas...

Ha muerto Rubén Darío
¡el de las piedras preciosas!

HOMENAJE A ESPRONCEDA

Leído en la velada que el Ateneo
de Madrid le consagró con
motivo de su centenario.
Al admirable poeta de «Las
Ingenuas», Luis G. Urbina.

I

Yo tuve una prima
como un lirio bella,
como un mirlo alegre,
como un alba fresca,
rubia como una
mañana abrileña.
Amaba los versos aquella rapaza
con predilecciones a su edad ajenas.
La música augusta del ritmo cantaba
dentro de su espíritu como ignota orquesta;
todo lo que un astro le dice a otro astro,
todo lo que el cielo le dice a la tierra,
todo lo que el alma pregunta a la Esfinge,
todo lo que al alma la Esfinge contesta.
Pobre prima rubia,
pobre prima buena;
hace muchos años que duerme ese sueño
del que ni los pájaros, alegres como ella,

ni el viento que pasa, ni el agua que corre,
ni el sol que derrocha vida, la recuerdan.
Yo suelo, en los días
de la primavera,
llevar a su tumba
versos y violetas;
versos y violetas, ¡lo que más amaba!
En torno a su losa riego las primeras,
luego las estrofas recito que antaño
su deleite eran:
las más pensativas, las más misteriosas,
las más insinuantes, las que son más tiernas;
las que en sus pestañas, como en blonda de oro,
ponían las joyas de lágrimas, trémulas,
con diafanidades de beril hialino
y oriente de perlas.
Se las digo bajo, bajito, inclinándome
hacia donde yace, porque las entienda.
Pobre prima rubia, ¡pero no responde!
Pobre prima rubia, ¡pero no despierta!

II

Cierto día, una joven condiscípula,
con mucho sigilo le prestó en la escuela
un libro de versos musicales, hondos.
¡Eran los divinos versos de Espronceda!
Se los llevó a casa bajo el chal ocultos,
y los escondimos, con sutil cautela,
del padre y la madre, y hasta de su sombra;
de la anciana tía, devota e ingenua,
que sólo gustaba de jaculatorias
y sólo entendía los versos de Trueba.
En aquellas tardes embermejecidas
por conflagraciones de luz, en que bregan

gigánticamente monstruos imprecisos
del Apocalipsis o de las leyendas;
de aquellas tardes que fingen catástrofes;
en aquellas tardes en que el iris vuelca
todos sus colores, en que el sol vacía
toda su escarcela;
en aquellas tardes del trópico, juntos
los dos, en discreto rincón de la huerta,
bajo de la trémula hospitalidad
de nuestras palmeras,
a fruto de extraños, vibrantes leíamos
el Canto a Teresa.
¡Qué revelaciones nos hizo ese canto!
Todas las angustias, todas las tristezas,
todo lo insondable del amor, y todo
lo desesperante de las infidencias:
todo el doloroso mundo que gravita
sobre el alma esclava que amó quimeras,
del que puso estrellas en la frente amada,
y al tornar a casa ya no encontró estrellas.
Todo el ansia loca de adorar en vano
tan sólo a una sombra, tan sólo a una muerta;
todos los despechos y las ironías
del que se revuelca
en zarzal de dudas y de escepticismos;
todos los sarcasmos y las impotencias.

III

Y después, aquellas ágiles canciones
de prosodia alada, de gracia ligera,
que apenas si tocan el polvo del mundo
con la orla de oro del brial de seda;
que, como el albatros, se duermen volando
que, como el albatros, volando despiertan:

La ideal canción del bravo Pirata
que iba viento en popa, que iba a toda vela,
y a quien por los mares nuestros pensamientos,
como dos gaviotas, seguían de cerca;
Y la del Mendigo, cínico y osado,
y la del Cosaco del Desierto, bélica,
bárbara, erizada de ferrados hurras,
que al oído suenan
como los tropeles de potros indómitos
con jinetes rubios, sobre las estepas...
Pasaba don Félix, el de Montemar,
con una aureola roja en su cabeza,
satánico, altivo; luego, doña Elvira,
«que murió de amor», en lirios envuelta.
¡Con cuántos prestigios de la fantasía
ante nuestros ojos se alejaba tétrica!
Y el Reo de muerte que el fatal instante,
frente a un crucifijo, silencioso espera;
y aquella Jarifa, cuya mano pálida
la frente ardorosa del bardo refresca.
Poco de su Diablo Mundo comprendíamos;
pero adivinábamos, como entre una niebla,
símbolos enormes y filosofías
que su Adán desnudo se llevaba a cuestas

IV

¡Oh mi gran poeta de los ojos negros!,
¡oh mi gran poeta de la gran melena!,
¡oh mi gran poeta de la frente vasta
cual limpio horizonte!, ¡oh mi gran poeta!
Te debo las horas más inolvidables;
y un día leyendo tu Canto a Teresa.,
muy juntos los ojos, muy juntos los labios,
te debí también, cual Paolo a Francesca,

un beso, el más grande que he dado en mi vida;
un beso, más dulce que miel sobre hojuelas;
¡un beso florido que envolvió en perfumes
toda mi existencia!
Un beso que, siento, eternizaría
del duro Gianciotti la daga violenta,
para que en la turba de almas infernales,
como en la terrible página dantesca,
fuera resonando por los anchos limbos,
fuera restallando por la noche inmensa,
y uniendo por siempre mi boca golosa
con la boca de ella!

V

¡Oh, mi gran poeta de los ojos negros!
¡Quién hubiera dicho que yo te trajera,
como pobre pago de los inefables
éxtasis de entonces, esta humilde ofrenda!...
¡Oh, gallardo príncipe de la poesía!
Pero tú recíbela con la gentileza
de un Midas que en oro todo lo transmuta;
en claros diamantes mi abalorio trueca,
y en los viles cobres de mis estrofillas,
para acaudalarlos, engasta tus gemas.
Así tu memoria por los siglos dure,
¡oh, mi gran poeta de la gran melena!,
¡oh, mi gran poeta de los ojos negros!
¡oh, mi gran poeta!

HOY HE NACIDO

Cada día que pase, has de decirte:
«¡Hoy he nacido!
El mundo es nuevo para mí; la luz
ésta que miro,
hiere, sin duda, por la vez primera
mis ojos límpidos;
la lluvia que hoy desfleca sus cristales
es mi bautismo.»

«Vamos, pues, a vivir un vivir puro,
un vivir nítido.
Ayer, ya se perdió: ¿fui malo?, ¿bueno?
...Venga el olvido,
y quede sólo, de ese ayer, la esencia,
el oro íntimo
de lo que amé y sufrí mientras marchaba
por el camino»

«Hoy, cada instante, al bien y a la alegría,
será propicio;

y en la esencial razón de mi existencia,
mi decidido

afán, volcar la dicha sobre el mundo,
verter el vino
de la bondad sobre las bocas ávidas
en redor mío.»

«Será mi sola paz la de los otros;
su regocijo, su soñar mi ensueño;
mi cristalino
llanto, el que tiemble en los ajenos párpados;
y mis latidos,
los latidos de cuantos corazones
palpiten en los orbes infinitos.»

Cada día que pase, has de decirte:
«¡Hoy he nacido!»

IDENTIDAD

Tat tuam asi

(Tú eres esto: es decir, tú eres uno
y lo mismo que cuanto te rodea;
tú eres la cosa en sí)
El que sabe que es uno con Dios, logra el Nirvana:
un Nirvana en que toda tiniebla se ilumina;
vertiginoso ensanche de la conciencia humana,
que es sólo proyección de la Idea Divina
en el Tiempo...
El fenómeno, lo exterior, vano fruto
de la ilusión, se extingue: ya no hay pluralidad,
y el yo, extasiado, abísmase por fin en lo absoluto,
¡y tiene como herencia toda la eternidad!

INCOHERENCIAS

Para José I. Bandera

Yo tuve un ideal, ¿en dónde se halla?
Albergué una virtud, ¿por qué se ha ido?
Fui templario, ¿do está mi recia malla?
¿En qué campo sangriento de batalla
me dejaron así, triste y vencido?
¡Oh, Progreso, eres luz! ¿Por qué no llena
su fulgor mi conciencia? Tengo miedo
a la duda terrible que envenena,
y me miras rodar sobre la arena
¡y, cual hosca vestal, bajas el dedo!
¡Oh!, siglo decadente, que te jactas
de poseer la verdad, tú que haces gala
de que con Dios, y con la muerte pactas,
devuélveme mi fe, yo soy un Chactas
que acaricia el cadáver de su Atala...
Amaba y me decías: «analiza»,
y murió mi pasión; luchaba fiero
con Jesús por coraza, triza a triza,
el filo penetrante de tu acero.

¡Tengo sed de saber y no me enseñas;
tengo sed de avanzar y no me ayudas;
tengo sed de creer y me despeñas
en el mar de teorías en que sueñas
hallar las soluciones de tus dudas!
Y caigo, bien lo ves, y ya no puedo
batallar sin amor, sin fe serena
que ilumine mi ruta, y tengo miedo...
¡Acógeme, por Dios! Levanta el dedo,
vestal, ¡que no me maten en la arena!

INMORTALIDAD

No, no fue tan efímera la historia
de nuestro amor: entre los folios tersos
del libro virginal de tu memoria,
como pétalo azul está la gloria
doliente, noble y casta de mis versos.
No puedes olvidarme: te condeno
a un recuerdo tenaz. Mi amor ha sido
lo más alto en tu vida, lo más bueno;
y sólo entre los légamos y el cieno
surge el pálido loto del olvido.
Me verás dondequiera: en el incierto
anochecer, en la alborada rubia,
y cuando hagas labor en el desierto
corredor, mientras tiemblan en tu huerto
los monótonos hilos de la lluvia.

¡Y habrás de recordar! Esa es la herencia
que te da mi dolor, que nada ensalma.
¡Seré cumbre de luz en tu existencia,
y un reproche inefable en tu conciencia
y una estela inmortal dentro de tu alma!

JACULATORIA A LA NIEVE

¡Qué milagrosa es la Naturaleza!
Pues, ¿no da luz la nieve? Inmaculada
y misteriosa, trémula y callada,
paréceme que mudamente reza
al caer... ¡Oh nevada!:
tu ingrávida y glacial eucaristía
hoy del pecado de vivir me absuelva
y haga que, como tú, mi alma se vuelva
fúlgida, blanca, silenciosa y fría.

JESÚS

Jesús no vino al mundo de «los cielos».
Vino del propio fondo de las almas;
de donde anida el yo: de las regiones
internas del Espíritu.

¿Por qué buscarle encima de las nubes?
Las nubes no son el trono de los dioses.
¿Por qué buscarle en los candentes astros?
Llamas son como el sol que nos alumbra,
orbes, de gases inflamados... Llamas
nomás. ¿Por qué buscarle en los planetas?
Globos son como el nuestro, iluminados
por una estrella en cuyo torno giran.

Jesús vino de donde
vienen los pensamientos más profundos
y el más remoto instinto.
No descendió: emergió del océano
sin fin del subconsciente;
volvió a él, y ahí está, sereno y puro.

Era y es un eón. El que se adentra
osado en el abismo
sin playas de sí mismo,
con la luz del amor, ese le encuentra.

JUBILEO NUPCIAL

Son un joyel y un emblema
de los más puros y bellos;
son, en tus sienes destellos
de la más rica diadema.
¡De tu intima y noble historia
son veinticinco eslabones;
son veinticinco escalones
para llegar a la gloria!
Son veinticinco claveles
de fe, de alegría y paz...
y juntos, forman un haz
que destila ricas mieles...
¡Feliz tú que siempre fijos
en nosotros tus cuidados,
como retoños preciados
ves florecer a tus hijos!
Todos ¡Madre! te decimos
con el más dulce reclamo,
y para formar un ramo
en torno a ti nos reunimos.

Y con la dulce cantiga
de amor que en nosotros arde,
rogamos «¡Dios te bendiga,
madre amada, Dios te guarde...!

KALPA

—¿Queréis que todo esto vuelva a empezar?
—Sí —responden a coro.
Also Sprach Zarathusthra

En todas las eternidades
que a nuestro mundo precedieron,
¿cómo negar que ya existieron
planetas con humanidades;

y hubo Homeros que describieron
las primeras heroicidades,
y hubo Shakespeares que ahondar supieron
del alma en las profundidades.?

Serpiente que muerdes tu cola,
inflexible círculo, bola
negra, que giras sin cesar,

refrán monótono del mismo
canto, marea del abismo,
¿sois cuento de nunca acabar?...

LA ALEGRE CANCIÓN DE LA MAÑANA

—Llegó la luz serena,
y a levantarme voy.
La noche se aleja como una gran pena;
¡qué alegre que estoy!

—Los pájaros en coro
cantan sus alegrías;
las jaulas vibran como arpas de oro.
Hermanos pájaros ¡muy buenos días!

—Las gotas de rocío
comienzan a temblar
cual si tuviesen frío;
las rosas más hermosas del jardincito mío
con esos mil diamantes van a hacerse un collar.

—El hilo del agua, la trémula brisa,
sus más alegres cosas empiezan a decir.
El cielo resplandece como una gransonrisa...
¡qué bello es vivir!

LA CANCIÓN DE FLOR DE MAYO

Flor de Mayo como un rayo
de la tarde se moría...
Yo te quise, Flor de Mayo,
tú lo sabes; ¡pero Dios no lo quería!

Las olas vienen, las olas van,
cantando vienen, cantando irán.

Flor de Mayo ni se viste
ni se alhaja ni atavía;
¡Flor de Mayo está muy triste!
¡Pobrecita, pobrecita vida mía!

Cada estrella que palpita,
desde el cielo le habla así:
«Ven conmigo, Florecita,
brillarás en la extensión igual a mí»

Flor de Mayo, con desmayo,
le responde: «¡Pronto iré!»

Se nos muere Flor de Mayo,
¡Flor de Mayo, la Elegida, se nos fue!

Las olas vienen, las olas van,
cantando vienen, llorando irán...

«¡No me dejes!» yo le grito:
«¡No te vayas dueño mío,
el espacio es infinito
y es muy negro y hace frío, mucho frío!»

Sin curarse de mi empeño,
Flor de Mayo se alejó,
Y en la noche, como un sueño
misteriosamente triste se perdió.

Las olas vienen, las olas van,
cantando vienen, ¡ay, cómo irán!

Al amparo de mi huerto
una sola flor crecía:
Flor de Mayo, y se me ha muerto...
Yo la quise, ¡pero Dios no lo quería!

LA DIOSA

Cuando todos se marchen, tú llegarás callada.
Nadie verá tu rostro, nadie te dirá nada.
Pasarán, distraídos,
con el alma asomada
a los cinco sentidos.

Espiando tu llegada,
yo seré todo ojos, yo seré todo oídos.

Tu hermosura divina
no tentará el anhelo
de esa caterva obscura,
que nunca alzó los ojos para mirar al cielo,
ni con trémulas manos quiso apartar el velo
que cubre tu hermosura.

Tu mirada, espaciosa como el mar, y tus labios,
de donde sólo fluyen, cual versos de poetas
eternos, las verdades
que allá en las soledades

persiguieron los sabios
y oyeron los ascetas.

serán para mí, únicamente, Diosa; nomás
yo besaré, temblando, la orla de la túnica
que encubre las sagradas bellezas que me das.

En tanto, la manada
seguirá en su balido
de amor y de deseo...

Después se irá, apretada
y espesa, hacia el establo del deleite prohibido,
y a ti, la incomparable, nadie te dirá nada;
nadie te habrá advertido.

LA MONTAÑA

Desde que no persigo las dichas pasajeras,
muriendo van en mi alma temores y ansiedad:
la Vida se me muestra con amplias y severas
perspectivas, y siento que estoy en las laderas
de la montaña augusta de la serenidad.

Comprendo al fin el vasto destino de las cosas;
si escuchar en silencio lo que en redor de mí
murmuran piedras, árboles, ondas, auras y rosas...
Y advierto que me cercan mil formas misteriosas
que nunca presentí.

Distingo un santo sello sobre todas las frentes:
un divino *me fecit Deus*, por dondequier;
y noto que me hacen signos inteligentes
las estrellas, arcano de las noches fulgurentes,
y las flores, que ocultan enigmas de mujer.

La Esfinge, ayer adusta, tiene hoy ojos serenos;
en su boca de piedra florece un sonreír

cordial, y hay en la comba potente de sus senos
blanduras de almohada para mis miembros, llenos
a veces de la honda laxitud del vivir.

Mis labios, antes pródigos de versos y canciones,
ahora experimentan el deseo de dar
ánimo a quien desmaya, de verter bendiciones,
de ser caudal perenne de aquellas expresiones
que saben consolar.

Finé mi humilde siembra; las mieses en las eras
empiezan a dar fruto de amor y caridad;
se cierne un gran sosiego sobre mis sementeras;
mi andar es firme... ¡Y siento que estoy en las laderas
de la montaña augusta de la Serenidad!

LA PUERTA

Por esa puerta huyó, diciendo: «¡Nunca!»
Por esa puerta ha de volver un día...
Al cerrar esa puerta, dejó trunca
la hebra de oro de la esperanza mía.
Por esa puerta ha de volver un día.

Cada vez que el impulso de la brisa,
como una mano débil, indecisa,
levemente sacude la vidriera
palpita más aprisa, más aprisa
mi corazón cobarde que la espera.

Desde mi mesa de trabajo veo
la puerta con que sueñan mis antojos,
y acecha agazapado mi deseo
en el trémulo fondo de sus ojos.

¿Por cuánto tiempo, solitario, esquivo
he de aguardar con la mirada incierta

a que Dios me devuelva compasivo
a la mujer que huyó por esa puerta?

¿Cuando habrán de temblar esos cristales
empujados por sus manos ducales
y, con su beso ha de llegarme ella
cual me llega en las noches invernales
el ósculo piadoso de una estrella?

¡Oh, Señor!, ya la Pálida esta alerta:
¡Oh, Señor!, ¡cae la tarde ya en mi vía
y se congela mi esperanza yerta!
¡Oh, Señor!, ¡haz que se abra al fin la puerta
y entre por ella la adorada mía!
¡Por esa puerta ha de volver un día!

LA RAZA DE BRONCE

Leyenda heroica dicha el 19 de julio
de 1902, en la Cámara de
Diputados, en honor de Juárez

I

Señor, deja que diga la gloria de tu raza,
la gloria de los hombres de bronce, cuya maza
melló de tantos yelmos y escudos la osadía:
¡oh *caballeros tigres*!, oh *caballeros leones*!,
¡oh *caballeros águilas*!, os traigo mis canciones;
¡oh enorme raza muerta!, te traigo mi elegía.

II

Aquella tarde, en el Poniente augusto,
el crepúsculo audaz era en una pira
como de algún atrida o de algún justo;
llamarada de luz o de mentira
que incendiaba el espacio, y parecía
que el sol al estrellar sobre la cumbre
su mole vibradora de centellas,
se trocaba en mil átomos de lumbre,
y esos átomos eran las estrellas.
Yo estaba solo en la quietud divina
del Valle. ¿Solo? ¡No! La estatua fiera

del héroe Cuauhtémoc, la que culmina
disparando su dardo a la pradera,
bajo del palio de pompa vespertina
era mi hermana y mi custodio era.
Cuando vino la noche misteriosa
—jardín azul de margaritas de oro—
y calló todo ser y toda cosa,
cuatro sombras llegaron a mí en coro;
cuando vino la noche misteriosa
—jardín azul de margaritas de oro—.
Llevaban una túnica esplendente,
y eran tan luminosamente bellas
sus carnes, y tan fúlgida su frente,
que prolongaban para mí el Poniente
y eclipsaban la luz de las estrellas.
Eran cuatro fantasmas, todos hechos
de firmeza, y los cuatro eran colosos
y fingían estatuas, y sus pechos
radiaban como bronces luminosos.
Y los cuatro entonaron almo coro...
Callaba todo ser y toda cosa;
y arriba era la noche misteriosa
jardín azul de margaritas de oro.

III

Ante aquella visión que asusta y pasma,
yo, como Hamlet, mi doliente hermano,
tuve valor e interrogué al fantasma;
mas mi espada temblaba entre mi mano.
—¿Quién sois vosotros, exclamé, que en presto
giro bajáis al Valle mexicano?
Tuve valor para decirles esto;
mas mi espada temblaba entre mi mano.
—¿Qué abismo os engendró? ¿De qué funesto

limbo surgís? ¿Sois seres, humo vano?
Tuve valor para decirles esto;
mas mi espada temblaba entre mi mano.
—Responded, continué. Miradme enhiesto
y altivo y burlador ante el arcano.
Tuve valor para decirles esto;
¡mas mi espada temblaba entre mi mano...!

IV

Y un espectro de aquellos, con asombros
vi que vino hacia mí, lento y sin ira,
y llevaba una piel sobre los hombros
y en las pálidas manos una lira;
y me dijo con voces resonantes
y en una lengua rítmica que entonces
comprendí: —«¿Que quiénes somos? Los gigantes
de una raza magnífica de bronces.
»Yo me llamé Netzahualcóyotl y era
rey de Texcoco; tras de lid artera,
fui despojado de mi reino un día,
y en las selvas erré como alimaña,
y el barranco y la cueva y la montaña
me enseñaron su augusta poesía.
»Torné después a mi sitial de plumas,
y fui sabio y fui bueno; entre las brumas
del paganismo adiviné al Dios Santo;
le erigí una pirámide, y en ella,
siempre al fulgor de la primera estrella
y al son del *huéhuetl*, le elevé mi canto.»

V

Y otro espectro acercóse; en su derecha
levaba una *macana*, y una fina
saeta en su carcaj, de ónix hecha;

coronaban su testa plumas bellas,
y me dijo: —«Yo soy Ilhuicamina,
sagitario del éter, y mi flecha
traspasa el corazón de las estrellas.
»Yo hice grande la raza de los lagos,
yo llevé la conquista y los estragos
a vastas tierras de la patria andina,
y al tornar de mis bélicas porfías
traje pieles de tigre, pedrerías
y oro en polvo... ¡Yo soy Ilhuicamina!»

VI

Y otro espectro me dijo: —«En nuestros cielos
las águilas y yo fuimos gemelos:
¡Soy Cuauhtémoc! Luchando sin desmayo
caí... ¡porque Dios quiso que cayera!
Mas caí como águila altanera:
viendo al sol, y apedreada por el rayo.
»El español martirizó mi planta
sin lograr arrancar de mi garganta
ni un grito, y cuando el rey mi compañero
temblaba entre las llamas del brasero:
—¿Estoy yo, por ventura, en un deleite?,
le dije, y continué, sañudo y fiero,
mirando hervir mis pies en el aceite...»

VII

Y el fantasma postrer llegó a mi lado:
no venía del fondo del pasado
como los otros; mas del bronce mismo
era su pecho, y en sus negros ojos
fulguraba, en vez de ímpetus y arrojos,
la tranquila frialdad del heroísmo.
Y parecióme que aquel hombre era

sereno como el cielo en primavera
y glacial como cima que acoraza
la nieve, y que su sino fue, en la Historia,
tender puentes de bronce entre la gloria
de la raza de ayer y nuestra raza.
Miróme con su límpida mirada,
y yo le vi sin preguntarle nada.
Todo estaba en su enorme frente escrito:
la hermosa obstinación de los castores,
la paciencia divina de las flores
y la heroica dureza del granito...
¡Eras tú, mi Señor; tú que soñando
estás en el panteón de San Fernando
bajo el dórico abrigo en que reposas;
eras tú, que en tu sueño peregrino,
ves marchar a la Patria en su camino
rimando risas y regando rosas!
Eras tú, y a tus pies cayendo al verte:
—Padre, te murmuré, quiero ser fuerte:
dame tu fe, tu obstinación extraña;
quiero ser como tú, firme y sereno;
quiero ser como tú, paciente y bueno;
quiero ser como tú, nieve y montaña.
Soy una chispa; ¡enséñame a ser lumbre!
Soy un guijarro; ¡enséñame a ser cumbre!
Soy una linfa: ¡enséñame a ser río!
Soy un harapo: ¡enséñame a ser gala!
Soy una pluma: ¡enséñame a ser ala,
y que Dios te bendiga, padre mío!

VIII

Y hablaron tus labios, tus labios benditos,
y así respondieron a todos mis gritos,
a todas mis ansias: —«No hay nada pequeño,

ni el mar ni el guijarro, ni el sol ni la rosa,
con tal de que el sueño, visión misteriosa,
le preste sus nimbos, ¡y tú eres el sueño!
»Amar, ¡eso es todo!; querer, ¡todo es eso!
Los mundos brotaron el eco de un beso,
y un beso es el astro, y un beso es el rayo,
y un beso la tarde, y un beso la aurora,
y un beso los trinos del ave canora
que glosa las fiestas divinas de Mayo.
»Yo quise a la Patria por débil y mustia,
la Patria me quiso con toda su angustia,
y entonces nos dimos los dos un gran beso;
los besos de amores son siempre fecundos;
un beso de amores ha creado los mundos;
amar... ¡eso es todo!; querer... ¡todo es eso!»
Así me dijeron tus labios benditos,
así respondieron a todos mis gritos,
a todas mis ansias y eternos anhelos.
Después, los fantasmas volaron en coro,
y arriba los astros —poetas de oro—
pulsaban la lira de azur de los cielos.

IX

Mas al irte, Señor, hacia el ribazo
donde moran las sombras, un gran lazo
dejabas, que te unía con los tuyos,
un lazo entre la tierra y el arcano,
y ese lazo era otro indio: Altamirano;
bronce también, mas bronce con arrullos.
Nos le diste en herencia, y luego, Juárez,
te arropaste en las noches tutelares
con tus amigos pálidos; entonces,
comprendiendo lo eterno de tu ausencia,
repitieron mi labio y mi conciencia:

—Señor, alma de luz, cuerpo de bronce.
Soy una chispa; ¡enséñame a ser lumbre!
Soy un guijarro; ¡enséñame a ser cumbre!
Soy una linfa: ¡enséñame a ser río!
Soy un harapo: ¡enséñame a ser gala!
Soy una pluma: ¡enséñame a ser ala,
¡y que Dios te bendiga, padre mío!
Tú escuchaste mi grito, sonreíste
y en la sombra infinita te perdiste
cantando con los otros almo coro.
Callaba todo ser y toda cosa;
y arriba era la noche misteriosa
jardín azul de margaritas de oro...

LA SOMBRA DEL ALA

Tú que piensas que no creo
cuando argüimos los dos,
no imaginas mi deseo,
mi sed, mi hambre de Dios;

ni has escuchado mi grito
desesperante, que puebla
la entraña de la tiniebla
invocando al Infinito;
ni ves a mi pensamiento,
que empañado en producir
ideal, suele sufrir
torturas de alumbramiento.

Si mi espíritu infecundo
tu fertilidad tuviese,
forjado ya un cielo hubiese
para completar su mundo.

Pero di, qué esfuerzo cabe
en un alma sin bandera
que lleva por dondequiera
tu torturador ¡quién sabe!;

que vive ayuna de fe
y, con tenaz heroísmo,
va pidiendo a cada abismo
y a cada noche un ¿porqué?

De todas suertes, me escuda
mi sed de investigación,
mi ansia de Dios, honda y muda;
y hay más amor en mi duda
que en tu tibia afirmación.

LLÉNALO DE AMOR

Siempre que haya un hueco en tu vida,
llénalo de amor.
Adolescente, joven, viejo:
siempre que haya un hueco en tu vida,
llénalo de amor.
En cuanto sepas que tienes delante de ti
un tiempo baldío,
ve a buscar amor.
No pienses: Sufriré.
No pienses: Me engañarán.
No pienses: Dudaré.
Ve, simplemente, diáfanamente, regocijadamente,
en busca del amor.
¿Qué índole de amor?
No importa.
Todo amor está lleno de excelencia y de nobleza.
Ama como puedas, ama a quien puedas,
ama todo lo que puedas...
pero ama siempre.

No te preocupes de la finalidad del amor.
Él lleva en sí mismo su finalidad.
No te juzgues incompleto porque no responden
a tus ternuras;
el amor lleva en sí su propia plenitud.

Siempre que haya un hueco en tu vida,
¡llénalo de amor!

LO MÁS NATURAL

Me dejaste —como ibas de pasada—
lo más inmaterial que es tu mirada.
Yo te dejé —como iba tan de prisa—
lo más inmaterial, que es mi sonrisa.
Pero entre tu mirada y mi risueño
rostro quedó flotando el mismo sueño.

LOS CUATRO CORONELES DE LA REINA

La reina tenía
cuatro coroneles:
un coronel blanco,
y un coronel rojo,
y un coronel negro,
y un coronel verde.

El coronel blanco nunca fue a la guerra;
montaba la guardia cuando los banquetes,
cuando los bautizos y cuando las bodas;
usaba uniforme de blancos satenes;
cruzaban su pecho brandeburgos de oro,
y bajo su frente,
que la gran peluca nívea ennoblecía,
sus límpidos ojos azules celeste
brillaban, mostrando los nobles candores
de un adolescente.

El coronel rojo, siempre fue a la guerra
con sus mil jinetes

o llevando antorchas en las cacerías,
con ella pasaba cual visión de fiebre.
Un yelmo de oro
con rojo penacho
cubría sus sienes;
una capa flotante de púrpura
al cuello ceñía con vivos joyeles,
y su estoque ostentaba en el puño
enorme carbúnculo ardiente.

El coronel negro para las tristezas,
los duelos y las
capillas ardientes;
para erguirse cerca de los catafalcos
y a las hondas criptas descender solemne,
prescindiendo mudas filas de alabardas,
tras los ataúdes de infantes y reyes.

Mas cuando la reina dejaba el alcázar,
futuro de todos, recelosa y leve;
cuando por las tardes, en su libro de horas,
minado por dedos de monjes pacientes,
murmuraba rezos tras de los vitrales;
cuando en el reposo de los escabeles
bordaba rubíes sobre los damascos,
mientras la tediosa cauda de los meses
pasaba arrastrando sus mayos floridos,
sus julios quemantes, sus grises diciembres;
cuando en el ensueño sumergía su alma,
silencioso, esquivo, a la guardia siempre
con la mano puesta sobre el fino estoque,
el coronel verde...

El coronel verde llevaba en su pecho
vivo coselete
color de cantárida; fijaba en su reina
ojos de batracio, destilando fiebre;
trémula esmeralda lucía en su dedo,
menos que sus crueles
miradas de ópalo, henchidas de arcanos
y sabiduría, como de serpiente...

Y desde que el orto sus destellos lanza
hasta que en ocaso toda luz se pierde,
quizás como un símbolo, como una esperanza,
¡iba tras la reina su coronel verde!

LOS HÉROES NIÑOS DE CHAPULTEPEC

—*Como renuevos cuyos aliños*
un cierzo helado destruye en flor
así cayeron los héroes niños
ante las balas del invasor.
—Fugaz como un sueño, el plazo
fue, de su infancia ideal;
mas los durmió en su regazo
la Gloria, madre inmortal.
Pronto la patria querida
sus vidas necesitó,
y uno tras otro la vida
sonriendo le entregó.
En la risueña colina
del Bosque, uno de otro en pos
cayeron, con la divina
majestad de un joven dios.
¿Quién, después que de tan pía
oblación contar oyó,
a la Patria negaría
la sangre que ella le dio?

Niñez que hallaste un calvario
de la vida en el albor:
que te sirva de sudario
la bandera tricolor.
Y que canten tus hazañas
cielo y tierra sin cesar,
el cóndor de las montañas
y las ondas de la mar...

LOS NIÑOS MÁRTIRES DE CHAPULTEPEC

I

Como renuevos cuyos aliños
un viento helado marchita en flor,
así cayeron los héroes niños
ante las balas del invasor.
Allí fue... los sabinos la cimera
con sortijas de plata remecían;
cantaba nuestra eterna primavera
su himno al sol: era diáfana la esfera;
perfumaba la flor... ¡y ellos morían!
Allí fue... los volcanes en sus viejos
albornoces de nieve se envolvían,
perfilando sus moles a lo lejos;
era el valle una fiesta de reflejos,
de frescura, de luz... ¡y ellos morían!
Allí fue... Saludaba al mundo el cielo,
y al divino saludo respondían
los árboles, la brisa, el arroyuelo,
los nidos con su trino del polluelo,
las rosas con su olor ...¡y ellos morían!

Morían cuando apenas el enhiesto
botón daba sus pétalos precoces,
privilegiados por la suerte en esto:
que los que aman los dioses mueren presto
¡y ellos eran amados de los dioses!
Sí, los dioses la linfa bullidora
cegaban de esos puros manantiales,
espejos de las hadas y de Flora,
y juntaban la noche con la aurora
como pasa en los climas boreales.
Los dioses nos robaron el tesoro
de esas almas de niños que se abrían
a la vida y al bien, cantando en coro...
Allí fue... la mañana era de oro,
Septiembre estaba en flor... ¡y ellos morían!

II

Como renuevos cuyos aliños
un viento helado marchita en flor,
así cayeron los héroes niños
ante las balas del invasor.
No fue su muerte conjunción febea
ni puesta melancólica de Diana.
sino eclipse de Vésper, que recrea
los cielos con su luz, y parpadea
y cede ante el fulgor de la mañana.
Morir cuando la tumba nos reclama,
cuando la dicha suspirando quedo,
«¡Adiós!», murmura, y se extinguió la llama
de la fe, y aunque todo dice.. «¡Ama!»,
responde el corazón: «¡Si ya no puedo...!»;
cuando sólo escuchamos donde quiera
del tedio el gran monologar eterno,
y en vano desparrama Primavera

su florido caudal en la pradera,
porque dentro llevamos el Invierno,
bien está... más partir en pleno día,
cuando el sol glorifica la jornada,
cuando todo en el pecho ama y confía,
y la Vida, Julieta enamorada,
nos dice: «¡No te vayas todavía!»;
y forma la ilusión mundos de encaje,
y los troncos de savia están henchidos
y las frondas perfuman los boscajes,
y los nidos salpican los frondajes,
y las aves arrullan en los nidos,
es cruel.... mas, entonces, ¿por qué ahora
muestra galas el Bosque y luce aliños?
¿Por qué canta el clarín con voz sonora?
¿Por qué nadie está triste, nadie llora
delante del recuerdo de esos niños?
Porque más que la vida, bien pequeño;
porque más que la gloria, que es un sueño;
porque más que el amor, vale, de fijo,
la divina oblación, y en una losa
este bello epitafio: «Aquí reposa;
dio su sangre a la Patria: ¡Era un buen hijo!»

III

Como renuevos cuyos aliños
un viento helado marchita en flor,
así cayeron los héroes niños
ante las balas del invasor.
Descansa, Juventud, ya sin anhelo,
serena como un dios, bajo las flores
de que es pródigo siempre nuestro suelo;
descansa bajo el palio de tu cielo
y el santo pabellón de tres colores.

Descansa, y que liricen tus hazañas
las voces del terral en los palmares,
y las voces del céfiro en las cañas,
las voces del pinar en las montañas
y la voz de las ondas en los mares.
Descansa, y que tu ejemplo persevere,
que el amor al derecho siempre avive;
y que en tanto que el pueblo que te quiere
murmura en tu sepulcro: «¡Así se muere!»,
la fama cante en él: «¡Así se vive!».

IV

Como renuevos cuyos aliños
un viento helado marchita en flor,
así cayeron los héroes niños
ante las balas del invasor.
Señor, en cuanto a ti, dos veces bravo,
que aquí defiendes el hollado suelo
tras haber defendido el suelo esclavo,
y hoy en el sitio dormirás al cabo
donde el águila azteca posó el vuelo;
Señor, en cuanto a ti, que noble y fuerte,
llegaste del perdón al heroísmo,
perdonando en tu triunfo a quien la muerte
dio a tu padre infeliz, y de esta suerte
venciéndote dos veces a ti mismo:
¡ven, únete a esos niños como hermano
mayor, pues que su gloria fue tu gloria,
y llévalos contigo de la mano
hacia el solio de Jove soberano
y a las puertas de bronce de la Historia!

LOS MAGUEYES

¡Cómo fingen los nobles magueyes,
a los rayos del sol tropical,
misteriosa corona de reyes,
colosos vencidos en pugna mortal!
Majestuosas sus pencas de acero
en las tardes parecen soñar...
Ellas vieron a Ixcoatl altanero,
vestido de pieles y plumas, cruzar...
En el monte y el plan y el barranco,
de sus venas haciendo merced,
con su néctar narcótico y blanco
calmaron piadosos del indio la sed.
Con su fibra le dieron un manto,
y supieron en él esconder
el sutil jeroglífico santo
que cuenta a los nuevos las glorias de ayer.
Ellos vieron a Anáhuac sentada
en sus lagos de plata y zafir,
y la vieron después humillada,
y al cabo la vieron rendirse y morir.

Majestuosos y nobles magueyes:
cuántas veces os oigo contar
vuestras viejas historias de reyes,
¡algunas tan tristes que me hacen llorar!

LOS SENTIDOS

Niño, vamos a cantar
una bonita canción;
yo te voy a preguntar,
tú me vas a responder:
Los ojos, ¿para qué son?

—Los ojos son para ver.
—¿Y el tacto? —Para tocar.
—¿Y el oído? —Para oír.
—¿y el gusto? —Para gustar.
—¿Y el olfato? —Para oler.
—¿El alma? —Para sentir,
para querer y pensar.

LOS ÚLTIMOS

Dicen que el arte de los versos
esta llamado a perecer;
que, pronto, no se oirá una estrofa
ni para mal ni para bien;
que ni en la faz de las mujeres
habrá poesía (por más que
Bécquer opine lo contrario...)

Tanto mejor, mi rosa-té;
tanto mejor, mi loto místico;
mi lirio cándido, ¡tant mieux!

Cuando la musa el vuelo tienda
ya para nunca más volver,
yo, con celeste exaltación
y de rodillas a tus pies,
diré la flor de mis estrofas
a tu belleza de mujer.

Y en los umbrales de ese mundo
lleno de tedio y de aridez
tú la postrer inspiradora
serás, y yo el cantor postrer.

LOS VOLCANES

Cuando surgen las albas radiosas,
los Volcanes nos fingen al par
dos inmensos montones de rosas
que el mes de las flores olvidó al pasar.
Cuando el sol su divino tesoro
manda al valle de luz tropical,
los Volcanes parecen de oro:
dos cúpulas áureas de un templo ideal.
Mas que lleguen las tardes, y, entonces,
a su luz los volcanes serán
como dos fortalezas de bronces
que siempre velando por México están.

MADRIGAL

Por tus ojos verdes yo me perdía,
sirena de aquellas que Ulises, sagaz;
amaba y temía.
Por tus ojos verdes yo me perdería.

Por tus ojos verdes en los que, fugaz,
brillar suele, a veces, la melancolía;
por tus ojos verdes, tan llenos de paz,
misteriosos como la esperanza mía;
por tus ojos verdes, conjuro eficaz,
yo me salvaría.

MAR DE LA SERENIDAD

Mis ojos se han vuelto claros
de tanto mirar el mar;
de tanto verlo, en mi vida
las olas vienen y van.
Mi pensamiento antes frívolo,
de tanto mirar el mar
se ha vuelto apacible, grave;
y es tal su profundidad,
que en vano un buzo de almas
fondo habría de buscar.
Mis melancolías cantan
blandamente, como el mar
la misma canción monótona,
al mismo viejo compás.
En mi corazón, enfriado
por la pena y por la edad,
reinan la quietud y el hielo
del océano glacial.
Recogido, silencioso,
esquivo y áspero está

como una roca perdida
en la gris inmensidad.
Sólo hay algo que no tiene
mi espíritu como el mar:
las cóleras no hay en mí
ya vientos de tempestad
ni espumas rabiosas. Nada
te puede encolerizar,
mar muerto, mar de mi alma,
«mar de la serenidad».

ME LEVANTARÉ E IRÉ A MI PADRE

Para Leopoldo Lugones

I

Resuelve tornar al padre

No temas, Cristo rey, si descarriado
tras locos ideales he partido:
ni en mis días de lágrimas te olvido,
ni en mis horas de dicha te he olvidado.
En la llaga cruel de tu costado
quiere formar el ánima su nido,
olvidando los sueños que ha vivido
y las tristes mentiras que ha soñado.
A la luz del dolor, que ya me muestra
mi mundo de fantasmas vuelto escombros,
de tu místico monte iré a la falda,
con un báculo: el tedio, en la siniestra;
con andrajos de púrpura en los hombros,
con el haz de quimeras a la espalda.

II

De cómo se congratularán del retorno

Tornaré como el Pródigo doliente

a tu heredad tranquila; ya no puedo
la piara cultivar, y al inclemente
resplandor de los soles tengo miedo.
Tú saldrás a encontrarme diligente;
de mi mal te hablaré, quedo, muy quedo...
y dejarás un ósculo en mi frente
y un anillo de nupcias en mi dedo;
y congregando del hogar en torno
a los viejos amigos del contorno,
mientras yantan risueños a tu mesa,
clamarás con profundo regocijo:
«¡Gozad con mi ventura, porque el hijo
que perdido llorábamos, regresa!»

III

Pondera lo intenso de la futura vida

¡Oh sí!, yo tornaré; tu amor estruja
con invencible afán al pensamiento,
que tiene hambre de paz y de aislamiento
en la mansa quietud de la cartuja.
¡Oh sí!, yo tornaré; ya se dibuja
en el fondo del alma, ya presiento
la plácida silueta del convento
con su albo domo y su gentil aguja...
Ahí, solo por fin conmigo mismo,
escuchando en las voces de Isaías
tu clamor insinuante que me nombra,
¡cómo voy a anegarme en el mutismo,
cómo voy a perderme en las crujías,
cómo voy a fundirme con la sombra!

MEXICANAS

Con su escolta de rancheros,
diez fornidos guerrilleros
y en su cuaco retozón
que la rienda mal aplaca,
Guadalupe la chinaca
va a buscar a Pantaleón.
Pantaleón es su marido,
el gañán más atrevido
con las bestias y en la lid.
faz trigueña, ojos de moro
y unos músculos de toro
y unos ímpetus de Cid.
Cuando mozo fue vaquero,
y en el monte y el potrero
la fatiga le templó.
para todos los reveses,
y es terror de los franceses
y cien veces lo probó.
Con su silla plateada,
su chaqueta alamarada,

su vistoso cachirul
y su lanza de cañotos,
cabalgando pencos brutos
¡qué gentil se ve el gandul!
Guadalupe está orgullosa
de su prieto; ser su esposa
le parece una ilusión,
y al mirar que en la pelea
Pantaleón no se pandea,
grita: ¡viva Pantaleón!
ella cura los heridos
con remedios aprendidos
en el rancho en que nació,
y los venda en los combates
con los rojos paliacates
que la pólvora impregnó.

En aquella madrugada
todo halaga su mirada
finge pórfido el nopal
y los órganos parecen
candelabros que se mecen
con la brisa matinal.
En los planos y en las peñas,
el ganado entre las breñas,
rumia y trisca mugidor
azotándose los flancos,
y en los húmedos barrancos
busca tunas el pastor.
A lo lejos, en lo alto,
bajo un cielo de cobalto
que desgarra su capuz,
van tiñéndose las brumas,
como un piélago de plumas

irisadas en la luz.
y en las fértiles llanadas,
entre milpas retostadas
de color, pringan el plan,
amapolas, maravillas,
zempoalxóchitls amarillas
y azucenas de san Juan.

Guadalupe va de prisa
de retorno de la misa,
que en las fiestas de guardar,
nunca faltan las rancheras,
como sus flores y sus ceras,
a la iglesia del lugar;
con su gorra galoneaba,
su camisa pespunteada,
su gran paño para el sol,
su rebozo de bolita,
y una saya suavecita
y unos bajos de charol;
con su faz encantadora,
más hermosa que la aurora
que colora la extensión,
con sus labios de carmines,
que parecen colorines,
y su cutis de piñón,
se dirige al campamento,
donde reina el movimiento
y hay mitote y hay licor,
porque ayer fue bueno el día,
pues cayó en la serranía
un convoy del invasor.
¡qué mañana tan hermosa!
¡cuánto verde, cuánta rosa

y qué linda la extensión!
rosa y verde se destaca,
con su escolta, la chinaca,
que va a ver a Pantaleón.

MI VERSO

Querría que mi verso, de guijarro
en gema se trocase y en joyero;
que fuera entre mis manos como el barro
en la mano genial del alfarero.

Que lo mismo que el barro, que a los fines
del artífice pliega sus arcillas,
fuese cáliz de amor en los festines
y lámpara de aceite en las capillas.

Que, dócil a mi afán, tomase todas
las formas que mi numen ha soñado,
siendo alianza en el rito de las bodas,
pastoral en el index del prelado;

lima noble que un grillo desmorona
o eslabón que remata una cadena,
crucifijo papal que nos perdona
o gran timbre de rey que nos condena.

Que fingiese a mi antojo, con sus claras
facetas en que tiemblan los destellos,
florones para todas las tiaras
y broches para todos los cabellos;

emblema para todos los amores,
espejos para todos los encantos,
y coronas de astrales resplandores
para todos los genios y los santos.

Yo trabajo, mi fe no se mitiga,
y, troquelando estrofas con mi sello,
un verso acuñaré del que se diga:
Tu verso es como el oro sin la liga:
radiante, dúctil, poliforme y bello.

MIS MUERTOS

Alma, yo estoy unido con mis muertos,
con mis muertos tranquilos e inmutables,
con mis pálidos muertos
que desdeñan hablar y defenderse,
que mataron el mal de la palabra,
que solamente miran,
que solamente escuchan,
con su oído invisible, y con sus ojos
cada vez más abiertos, más abiertos
en la inmóvil blancura de los cráneos;
que en posición horizontal contemplan
el callado misterio de la noche
y oyen el ritmo de las diamantinas
constelaciones en el negro espacio.

Yo vivo con la vida que mis muertos
no pudieron vivir. Por ellos hablo,
y río por lo que ellos no rieron
y por lo que ellos no cantaron, canto,
y me embriago de amores y de ensueño
¡por lo que ellos no amaron ni soñaron!

NO LE HABLÉIS DE AMOR

¡Es su faz un trasunto de ideal, tan completo!
¡Son sus ojos azules de tan raro fulgor!
Sella todos sus actos un divino secreto...
¡No le habléis de amor!
¡Es tan noble el prestigio de sus manos sutiles!
¡Es tan pálido el rosa de sus labios en flor!
Hay en ella el misterio de los viejos marfiles...
¡No le habléis de amor!
Tiene el vago embeleso de las damas de antaño,
en los lienzos antiguos en que muere el color...
¡No turbéis el silencio de su espíritu huraño!
¡No le habléis de amor!

NO SÉ QUIÉN ES...

¿Quién es? —No sé: a veces cruza
por mi senda, como el hada
del ensueño: siempre sola...
siempre muda... siempre pálida...
¿Su nombre? No lo conozco.
¿De dónde viene? ¿Do marcha?
¡Lo ignoro! Nos encontramos,
me mira un momento y pasa:
¡Siempre sola...! ¡Siempre triste...!
¡Siempre muda...! ¡Siempre pálida!
Mujer: ha mucho que llevo
tu imagen dentro del alma.
Si las sombras que te cercan,
si los misterios que guardas
deben ser impenetrables
para todos, ¡calla, calla!
¡Yo sólo demando amores:
yo no te pregunto nada!
¿Buscas reposo y olvido?

Yo también. El mundo cansa.
Partiremos lejos, lejos
de la gente, a tierra extraña;
y cual las aves que anidan
en las torres solitarias,
confiaremos a la sombra
nuestro amor y nuestras ansias...

NOCHE ÁRTICA

En el cenit azul, blanco en el yerto
y triste plan de la sabana escueta;
en los nevados témpanos violeta
y en el confín del cielo rosa muerto,

despréndese la luna del incierto
Sur, amarilla; y en la noche quieta,
de un buque abandonado la silueta
medrosa se levanta en el desierto.

Ni un rumor... el Silencio y la Blancura
celebraron ha mucho en la infinita
soledad sus arcanos esponsales,

y el espíritu sueña en la ventura
de un connubio inmortal con Seraphita
bajo un palio de auroras boreales.

NOCHEBUENA

Pastores y pastoras,
abierto está el edén.
¿No oís voces sonoras?
Jesús nació en Belén.
La luz del cielo baja,
el Cristo nació ya,
y en un nido de paja
cual pajarillo está.
El niño está friolento.
¡Oh noble buey,
arropa con tu aliento
al Niño Rey!
Los cantos y los vuelos
invaden la extensión,
y están de fiesta cielos
y tierra... y corazón.
Resuenan voces puras
que cantan en tropel:
«Hosanna en las alturas
al Justo de Israel!»

¡Pastores, en bandada
venid, venid,
a ver la anunciada
Flor de David!...

NOCTURNO

Y vi tus ojos: flor de beleño,
raros abismos de luz y sueño;
ojos que dejan el alma inerme,
ojos que dicen: duerme... duerme...

Pupilas hondas y taciturnas,
pupilas vagas y misteriosas,
pupilas negras, cual mariposa
nocturnas.

Bajo las bandas de tus cabellos
tus ojos dicen arcanas rimas,
y tus lucientes cejas, sobre ellos,
fingen dos alas sobre dos simas.

¡oh! plegue al cielo que cuando grita
la pena en mi alma dolida e inerme,
tus grandes ojos de sulamita
murmuren: «duerme»...

NUPCIAS

Yo quiero que te sigan mis cantares
en lujosos y cálidos tropeles,
como un vasto cortejo de donceles
de honor, hasta el santuario de tus lares.
Quiero que, como pétalos dispersos
de azahar de simbólica pureza,
descienda blandamente a tu cabeza
la nieve misteriosa de mis versos.
Quiero que cada estrofa dulce y grave,
de este canto de nupcias que te envío,
se vuelva cuatro cisnes que en un río
de azur, vayan tirando de tu nave.
Quiero que para ti cada cuarteto
de este poema, que te ruego acojas,
se convierta en un trébol de cuatro hojas
que te sirva de mágico amuleto.
Y quiero en fin, que sean mis canciones
como un puro collar para tu cuello,
como un vivo destello en el destello
que tus hoy inefables ilusiones.

Y más nieve en tu frente inmaculada,
y más rosa en el rosa de tu anhelo,
y más oro en el oro de tu pelo,
y más luz en la luz de tu mirada.
Sé dichosa entre todas las dichosas,
haz de tu alma una tierra prometida,
y ve gallardamente por la vida,
rimando risas y regando rosas...

OFRECIMIENTO

Señor, Tú regaste los campos de flores
que llenan el aires de aroma y frescor,
cubriste los cielos de inmensos fulgores
y diste a los mares su eterno rumor.
Doquier resplandece tu amor sin segundo;
la tierra proclama tu gloria doquier;
y en medio a esos himnos que brotan del mundo,
yo quiero elevarte mi voz de placer.
Tú en mi alma escondiste la llama secreta
que inspira entusiasta mi voz baladí;
por eso te ofrezco mis cantos de poeta;
pues Tú los inspiras, que vayan a ti.
Perdona el mezquino lenguaje del hombre;
perdona si en cambio te pido, Señor,
que nunca se aparte del labio tu nombre,
que viva en el alma por siempre tu amor.

¡OH, CRISTO!

Ya no hay un dolor humano que no sea mi dolor;
ya ningunos ojos lloran, ya ningún alma se angustia
sin que yo me angustie y llore;
ya mi corazón es lámpara fiel de todas las vigilias,
¡oh, Cristo!
En vano busco en los hondos escondrijos de mi ser
para encontrar algún odio: nadie puede herirme ya
sino de piedad y amor. Todos son yo, yo soy todos,
¡oh, Cristo!

¡Qué importan males o bienes! Para mí todos son
bienes.
El rosal no tiene espinas: para mí sólo da rosas.
¿Rosas de pasión?, ¡Qué importa! Rosas de celeste
esencia,
purpúreas como la sangre que vertiste por nosotros,
¡oh, Cristo!

PANORAMA

Un parque inmenso:
con sus glorietas,
sus avenidas
y sus misterios.
Un verde estanque:
con su agua inmóvil,
con sus barquillas
y con sus ánades.
Una montaña:
con su castillo,
con su leyenda,
con su fantasma.
Una princesa:
por entre el bosque,
junto al estanque,
tras de la almena.
Y sobre de ello,
princesa, bosque,
castillo, estanque,
flotando apenas,
mi ensueño.

PARÁBOLA

Jesucristo es el buen samaritano,
yo estaba malherido en el camino,
y con celo de hermano
ungió mis llagas con aceite y vino;
después, hacia el albergue, no lejano,
me llevó de la mano
en medio del silencio vespertino.

Llegados, apoyé con abandono
mi cabeza en su seno.
y Él me dijo muy quedo: «Te perdono
tus pecados, ve en paz; sé siempre bueno
y búscame: de todo cuanto existe
yo soy el manantial, el ígneo centro..»

Y repliqué muy pálido y muy triste:
«¿Señor, a qué buscar, si nada encuentro?
¡Mi fe se murió cuando partiste,
y llevo su cadáver aquí dentro!

»Estando Tú conmigo, viviría...
Mas tu verbo inmortal todo lo puede:
dile que surja en la conciencia mía,
resucítala, ¡oh Dios, era mi guía!»
Y Jesucristo respondió: «Yo soy la vida»

PASAS POR EL ABISMO DE MIS TRISTEZAS

Pasas por el abismo de mis tristezas
como un rayo de luna sobre los mares,
ungiendo lo infinito de mis pesares
con el nardo y la mirra de tus ternezas.
Ya tramonta mi vida, la tuya empiezas;
mas, salvando del tiempo los valladares,
como un rayo de luna sobre los mares,
pasas por el abismo de mis tristezas.
No más en la tersura de mis cantares
dejará el desencanto sus asperezas;
pues Dios, que dio a los cielos sus luminares,
quiso que atravesaras por mis tristezas
como un rayo de luna sobre los mares.

PAZ LUNAR

Cuando en la sombría plata del cabello
su plata celestial posa la luna,
viene a mí una gran paz con su destello:
cierta vaga esperanza de algo bello
que tiene que llegar sin duda alguna.

Un instinto sutil, me dice: «Lucha
y aguarda: lo que sueñas no es mentira;
hay quizás un oído que te escucha,
y una mano invisible, siempre ducha
(no tu mano mortal), hiere tu lira.

»En lo más escondido de tu mente,
detrás de una enigmática barrera,
vive un ser misterioso, un dios silente,
un inmortal y arcano subconsciente,
y ese tiene razón: Espera, espera.»

PERLAS NEGRAS - V

¿Ves el sol, apagando su luz pura
en las ondas del piélago ambarino?
Así hundió sus fulgores mi ventura
para no renacer en mi camino.

Mira la luna: desgarrando el velo
de las tinieblas, a brillar empieza.
Así se levantó sobre mi cielo
el astro funeral de la tristeza.

¿Ves el faro en la peña carcomida
que el mar inquieto con su espuma alfombra?
Así radia la fe sobre mi vida,
solitaria, purísima, escondida:
¡como el rostro de un ángel en la sombra!

Rindióme al fin el batallar continuo
de la vida social; en la contienda,
envidiaba la dicha del beduino
que mora en libertad bajo su tienda.

Huí del mundo a mi dolor extraño,
llevaba el corazón triste y enfermo,
y busqué , como Pablo el Ermitaño,
la inalterable soledad del yermo.

Allí moro, allí canto, de la vista
del hombre huyendo, para el goce muerto,
y bien puedo decir como el Bautista:
¡Soy la voz del que clama en el desierto!

PERLAS NEGRAS - VIII

Al oír tu dulce acento
me subyuga la emoción,
y en un mudo arrobamiento
se arrodilla el pensamiento
y palpita el corazón...
Al oír tu dulce acento.

Canta, virgen, yo lo imploro;
que tu voz angelical
semeja el rumor sonoro
de leve lluvia de oro
sobre campo de cristal.
Canta, virgen, yo lo imploro:
es de alondra tu garganta,
¡Canta!

¡Qué vagas melancolías
hay en tu voz! Bien se ve
que son amargos tus días.

Huyeron las alegrías,
tu corazón presa fue
de vagas melancolías.

¡Por piedad! ¡No cantes ya,
que tu voz al alma hiere!
Nuestro amor, ¿en dónde está?
Ya se fue..., todo se va...
Ya murió..., todo se muere...
Por piedad, no cantes ya,
que la pena me avasalla...
¡Calla!

PERLAS NEGRAS - XII

Sol esplendente de primavera,
a cuyo beso, fresca y lozana,
la flor se yergue, la mariposa
viola el capullo, la yema estalla;
sol esplendente de primavera:
¡yo te aborrezco! porque desgarras
las brumas leves, que me circundan
como rizado crespón de plata.

A mí me gustan las tardes grises,
las melancolías, las heladas,
en que las rosas tiemblan de frío,
en que los cierzos gimiendo pasan,
en que las aves, entre las hojas,
el pico esconden bajo del ala.

A mí me gustan esas penumbras
indefinibles de la enramada,
a cuyo amparo corren las fuentes,
surgen los gnomos, las hojas charlan...

Sol esplendente de primavera,
cede tu gloria, declina, pasa:
deja las brumas que me rodean
como rizado crespón de plata.

Bellas mujeres de ardientes ojos,
de vivos labios, de tez rosada,
¡os aborrezco! Vuestros encantos
ni me seducen ni me arrebatan.

A mí me gustan las niñas tristes,
a mí me gustan las niñas pálidas,
las de apacibles ojos obscuros
donde perenne misterio irradia;
las de miradas que me acarician
bajo el alero de las pestañas...

Más que las rosas, amo los lirios
y las gardenias inmaculadas;
más que claveles de sangre y fuego,
la sensitiva mi vista encanta...

Bellas mujeres de ardientes ojos,
de vivos labios, de tez rosada:
pasad en ronda vertiginosa;
vuestros encantos no me arrebatan...

*

Himnos vibrantes de las victorias,
notas triunfales, bélicas marchas,
¡os aborrezco! porque, al oíros,
trémulas huyen mis musas blancas.

A mí me gustan las notas leves...
las notas leves... las notas lánguidas,
las que parecen suspiros hondos...
suspiros hondos de almas que pasan...

Chopin: delirio por tus *nocturnos*;
Beethoven: sueño con tus *sonatas*:
Weber: adoro tu *Pensamiento*
Schubert: me arroba tu *Serenata.*

¡Oh! Cuántas veces, bajo el imperio
de vuestra música apasionada,
Ella me dice: *¿Me quieres mucho?*
y yo respondo: *¡Con toda el alma!*

Himnos vibrantes de las victorias,
notas triunfales, bélicas marchas:
¡chit! porque huyen al escucharos,
trémulas todas, mis musas blancas...

Sol esplendente de primavera,
lindas mujeres de faz rosada,
himnos triunfales...; ¡dejadme a solas
con mis ensueños y mis nostalgias!

Pálidas brumas que me rodean
como rizado crespón de plata,
vagas penumbras, niñas enfermas
de ojos obscuros y tez de nácar,
notas dolientes: ¡venid, que os amo!
¡Venid, que os amo! ¡Tended las alas!

Cuando me vaya para siempre entierra
con mis despojos tu pasión ferviente;
a mi recuerdo tu memoria cierra;
es ley común que a quien cubrió la tierra
el olvido lo cubra eternamente.

A nueva vida de pasión despierta
y sé dichosa; si un amor perdiste,
otro cariño tocará tu puerta.....
¿por que impedir que la esperanza muerta
resurja ufana para bien del triste?

Ya ves..... Todo renace... Hasta la pálida
tarde revive en la mañana hermosa;
vuelven las hojas a la rama escuálida,
y la cripta que forma la crisálida,
es cuna de pintada mariposa.

Tornan las flores al jardín ufano
que arropó con sus nieves el invierno;

hasta el polo disfruta del verano...
¿por qué no más el corazón humano
ha de sufrir el desencanto eterno?

Ama de nuevo y sé feliz. Sofoca
hasta el perfume de mi amor, si existe;
¡solo te pido que no borres, loca,
al sellar otros labios con tu boca,
la huella de aquel beso que me diste!

PERLAS NEGRAS - XXIX

Yo amaba lo azul con ardimiento:
las montañas excelsas, los sutiles
crespones de zafir del firmamento,
el piélago sin fin, cuyo lamento
arrulló mis ensueños juveniles.

Callaba mi laúd cuando despliega
cada estrella purísima su broche,
el universo en la quietud navega,
y la luna, hoz de plata, surge y siega
el haz de espesas sombras de la noche.

Cantaba, si la aurora descorría
en el Oriente sus rosados velos,
si el aljófar al campo descendía,
y el sol, urna de oro que se abría,
inundaba de luz todos los cielos.

Mas hoy amo la noche, la galana,
de dulce majestad, horas tranquilas

y solemnes, la nubia soberana,
la de espléndida pompa americana:
¡La noche tropical de tus pupilas!

Hoy esquivo del alba los sonrojos,
su saeta de oro me maltrata,
y el corazón, sin pena y sin enojos,
tan sólo ante lo negro de tus ojos
como el iris del búho se dilata.

¿Qué encanto hubiera semejante al tuyo,
oh, noche mía? ¡Tu beldad me asombra!
Yo, que esplendores matutinos huyo,
¡dejo el alma que agite, cual cocuyo,
sus alas coruscantes en tu sombra!

Si siempre he de sentir esa mirada
fija en mi rostro, poderosa y tierna,
¡adiós, por siempre adiós, rubia alborada!
doncella de la veste sonrosada:
¡que reine en mi redor la noche eterna!

¡Oh, noche! Ven a mi llena de encanto;
mientras con vuelo misterioso avanzas,
nada más para ti será mi canto,
y en los brunos repliegues de tu manto,
su cáliz abrirán mis esperanzas!

PERLAS NEGRAS - XXXIII

Amiga, mi larario está vacío:
desde que el fuego del hogar no arde,
nuestros dioses huyeron ante el frío;
hoy preside en sus tronos el hastío
las nupcias del silencio y de la tarde.

El tiempo destructor no en vano pasa;
los aleros del patio están en ruinas;
ya no forman allí su leve casa,
con paredes convexas de argamasa
y tapiz del plumón, las golondrinas.

¡Qué silencio el del piano! Su gemido
ya no vibra en los ámbitos desiertos;
los nocturnos y scherzos han huido...
¡Pobre jaula sin aves! ¡Pobre nido!
¡Misterioso ataúd de trinos muertos!

¡Ah, si vieras tu huerto! Ya no hay rosas,
ni lirios, ni libélulas de seda,
ni cocuyos de luz, ni mariposas...
Tiemblan las ramas del rosal, medrosas;
el viento sopla, la hojarasca rueda.

Amiga, tu mansión está desierta;
el musgo verdinegro que decora
los dinteles ruinosos de la puerta,
parece una inscripción que dice: ¡Muerta!
El cierzo pasa, y suspirando: ¡Llora!

Yo también, cual los héroes medievales
que viven con la vida de la fama,
luché por tres divinos ideales:
¡por mi Dios, por mi Patria y por mi Dama!

Hoy que Dios ante mí su faz esconde,
que la Patria me niega su ternura
de madre, y que a mi acento no responde
la voz angelical de la Hermosura,

rendido bajo el peso del destino
esquivando el combate, siempre rudo,
heme puesto a la vera del camino,
resuelto a descansar sobre mi escudo.

Quizá mañana, con afán contrario,
ajustándome el casco y la loriga,
de nuevo iré tras el combate diario,
exclamando: ¡Quién me ame, que me siga!

Mas hoy dejadme, aunque a la gloria pese,
dormir en paz sobre mi escudo roto;
dejad que en mi redor el ruido cese,
que la brisa noctívaga me bese
y el Olvido me dé su flor de loto.

POR ESA PUERTA

Por esa puerta huyó diciendo :«¡nunca!»
Por esa puerta ha de volver un día ...
Al cerrar esa puerta dejó trunca
la hebra de oro de la esperanza mía.
Por esa puerta ha de volver un día.

Cada vez que el impulso de la brisa,
como una mano débil indecisa,
levemente sacude la vidriera,
palpita más aprisa, más aprisa,
mi corazón cobarde que la espera.

Desde mi mesa de trabajo veo
la puerta con que sueñan mis antojos
y acecha agazapando mi deseo
en el trémulo fondo de mis ojos.

¿Por cuánto tiempo, solitario, esquivo,
he de aguardar con la mirada incierta

a que Dios me devuelva compasivo
a la mujer que huyó por esa puerta?

¿Cuándo habrán de temblar esos cristales
empujados por sus manos ducales,
y, con su beso ha de llegar a ellas,
cual me llega en las noches invernales
el ósculo piadoso de una estrella?

¡Oh Señor!, ya la pálida está alerta;
¡oh Señor, cae la tarde ya en mi vía
y se congela mi esperanza yerta!
¡Oh, Señor, haz que se abra al fin la puerta
y entre por ella la adorada mía!...
¡Por esa puerta ha de volver un día!

PUES BUSCO, DEBO ENCONTRAR

Pues busco, debo encontrar.
Pues llamo, débenme abrir.
Pues pido, me deben dar.
Pues amo, débenme amar.
Aquel que me hizo vivir.
¿Calla? Un día me hablará.
¿Me pone a prueba? Soy fiel.
¿Pasa? No lejos irá;
pues tiene alas mi alma , y va
volando detrás de Él.
Es poderoso, más no
podrá mi amor esquivar.
Invisible se volvió,
mas ojos de lince yo
tengo y le habré de mirar.
Alma, sigue hasta el final
en pos del Bien de los bienes.
y consuélate en tu mal
pensando como Pascal:
«¿Le buscas? ¡Es que le tienes!

QUE SE CUMPLAN TUS ANHELOS

Véngate del mundo siendo mejor que el mundo.
¿Dices que en el mundo reina la crueldad?
Pues sé tu piadoso.
¿Dices que impera la fuerza bruta?
Pues respeta tú a los débiles.
¿Dices que la injusticia hiere a los buenos?
Pues tú se justo hasta con los malos.
¿Afirmas que en un planeta donde acontecen tantos
horrores no es posible encontrar la huella de Dios?
Pues que esa huella se encuentre en tu espíritu
y en tu corazón:
te aseguro que basta y sobra.

¿QUIÉN ES DAMIANA?

La mujer que, en mi lozana
juventud, pudo haber sido
—si Dios hubiera querido—
mía
en el paisaje interior
de un paraíso de amor
y poesía;
la que, prócer o aldeana
«mi aldeana» o «mi princesa»
se hubiera llamado, ésa
es, en mi libro, Damiana.

La hija risueña y santa,
gemela de serafines,
libélula en mis jardines
quizá, en mi feudo infanta;
la que
pudo dar al alma fe,
vigor al esfuerzo, tino
al obrar, ¡la que no vino

por mucho que la llamé! ;
la que aún en mi frente besa
desde una estrella lejana,
ésa es, en mi libro, Damiana.

Y aquélla que me miró,
no sé en que patria querida y,
tras mirarme, pasó
(desto hace más de una vida),
y al mirarme parecía
que se decía:
-»Si pudiera detenerme te amara...»
La que esto, al verme,
con los ojos repetía;
la que, sentado a la mesa
del festín real, con vana
inquietud aguardado, ésa
es, en mi libro, Damiana.

La que con noble pergeño
suele fluida vagar
como un fantasma lunar
por la zona de mi ensueño;
la que fulge en los ocasos,
que son nobleza del día;
la que, en la melancolía
de mi alcoba, finge pasos;
la que, puestos a la ventana,
con un afán que no cesa,
aguardo hace un siglo, ésa
es, en mi libro, Damiana.

Todo lo noble y hermoso
que no fue;

todo lo bello y amable y amable
que no vino;
y lo vago y misterioso
que pensé,
y lo puro y lo inefable
y lo divino;

el enigma siempre claro de la mañana,
y el enigma por las tardes inexpreso;
amor, sueños, ideal, esencia, arcana...
todo eso, todo eso, todo eso,
tiene un nombre en estas páginas: ¡Damiana!

RENUNCIACIÓN

¡Oh, Siddharta Gautama!, tú tenías razón:
las angustias nos vienen del deseo; el edén
consiste en no anhelar, en la renunciación
completa, irrevocable, de toda posesión;
quien no desea nada, dondequiera está bien.
El deseo es un vaso de infinita amargura,
un pulpo de tentáculos insaciables, que al par
que se cortan, renacen para nuestra tortura.
El deseo es el padre del esplín, de la hartura,
¡y hay en él más perfidias que en las olas del mar!
Quien bebe como el Cínico el agua con la mano,
quien de volver la espalda al dinero es capaz,
quien ama sobre todas las cosas al Arcano,
¡ése es el victorioso, el fuerte, el soberano...
y no hay paz comparable con su perenne paz!

RÉQUIEM

¡Oh, Señor, Dios de los ejércitos,
eterno Padre, eterno Rey,
por este mundo que creaste
con la virtud de tu poder;
porque dijiste: *la luz sea,*
y a tu palabra la luz fue;
porque coexistes con el Verbo,
porque contigo el Verbo es
desde los siglos de los siglos
y sin mañana y sin ayer,
requiem aeternam dona eis, Domine,
el lux perpetua luceat eis!

¡Oh, Jesucristo, por el frío
de tu pesebre de Belén,
por tus angustias en el Huerto,
por el vinagre y por la hiel,
por las espinas y las varas
con que tus carnes desgarré,

y por la cruz en que borraste
todas las culpas de Israel;
Hijo del Hombre, desolado,
trágico Dios, tremendo Juez:
requiem aeternam dona eis, Domine,
el lux perpetua luceat eis!

Divino Espíritu, Paráclito,
aspiración del gran Iavéh,
que unes al Padre con el Hijo,
y siendo El *Uno* sois los *Tres*;
por la paloma de alas níveas,
por la inviolada doncellez
de aquella Virgen que en su vientre
llevó al Mesías Emmanuel;
por las ardientes lenguas rojas
con que inspiraste ciencia y fe
a los discípulos amados
de Jesucristo, nuestro bien:
¡requiem aeternam dona eis, Domine,
el lux perpetua luceat eis!

RÓDEUSE

Si te toman pensativa los desastres de las hojas
que revuelan crepitando por el amplio bulevar;
si los cierzos te insinúan no sé qué vagas congojas
y nostalgias imprecisas y deseos de llorar;

si el latido luminoso de los astros te da frío;
si incurablemente triste ves al Sena resbalar,
y el reflejo de los focos escarlatas sobre el río
se te antoja que es la estela de algún trágico navío
donde llevan los ahogados de la Morgue a sepultar;

¡Pobrecita! ven conmigo: deja ya las puentes yermas.
Hay un alma en estas noches a las tísicas hostil,
y un vampiro disfrazado de galón que busca enfermas,
que corteja a las que tosen y que, a poco que te
/duermas,
chupará con trompa inmunda tus pezones de marfil.

SED

Cada día que pasa sin lograr que me quiera
es un día perdido...
¡Oh Señor, no permitas por piedad que me muera
sin que me haya querido!
Porque entonces mi espíritu, con su sed no saciada
con su anhelo voraz,
errará dando tumbos por la noche estrellada,
como pájaro loco, sin alivio ni paz...

SEÑOR, DAME TU AMOR....

Señor, dame tu amor. Llena el vacío
de un corazón que por amar delira;
que broten los acentos de mi lira
no más para cantarte. ¡Dueño mío!-
No llena el mundo mi anhelar eterno,
no mitiga mis férvidos ardores.
La inmensa plenitud de los amores
sólo en Ti la hallaré, Corazón tierno.
Quiero amarte, Señor. Yo soy un ciego
que necesita luz, pobre proscrito
de tu plácido edén, alma de fuego
que sólo satisface lo infinito.
Quiero amarte, Señor. Tu amor reclamo:
quiero bañar tus plantas con mi lloro;
vivir diciendo sólo que te adoro,
morir diciendo sólo que te amo;
posar, lleno de férvido embeleso,
mis labios en tus llagas sacrosantas,
y expirar de delicias a tus plantas
exhalando mi espíritu en un beso.

SI AMAS A DIOS

Si amas a Dios,
en ninguna parte has de sentirte extranjero,
porque Él estará en todas las regiones,
en lo más dulce de todos los paisajes,
en el límite indeciso de todos lo horizontes.

Si amas a Dios,
en ninguna parte estarás triste,
porque, a pesar de la diaria tragedia
Él llena de júbilo el Universo.

Si amas a Dios,
no tendrás miedo de nada ni de nadie,
porque nada puedes perder y todas las fuerzas del
cosmos,
serían impotentes para quitarte tu heredad.

Si amas a Dios,
ya tienes alta ocupación para todos los instantes,

porque no habrá acto que no ejecutes en su nombre,
ni el más humilde ni el más elevado.

Si amas a Dios,
ya no querrás investigar los enigmas,
porque lo llevas en él,
que es la clave y resolución de todos.

Si amas a Dios,
ya no podrás establecer con angustia una diferencia
entre la vida y la muerte,
porque en Él estás y Él permanece incólume a través
de todos los cambios.

¡SILENCIO!

Ufanía de mi hombro,
cabecita rubia, nido
de amor, rizado y sedeño:
¡por Dios, a nadie digas que nunca te nombro;
por Dios, a nadie digas que nunca te olvido;
por Dios, a nadie digas que siempre te sueño!

SILENCIOSAMENTE

Silenciosamente miraré tus ojos,
silenciosamente asiré tus manos;
silenciosamente,
cuando el sol poniente
nos bañe en sus rojos
fuegos soberanos,
posaré mis labios en tu limpia frente,
y nos besaremos como dos hermanos.
Ansío ternuras castas y cordiales,
dulces e indulgentes rostros compasivos,
mano tibias....¡tibias manos fraternales!,
ojos claros...¡claros ojos pensativos!
Ansío regazos que a entibiar empiecen
mis otoños; alma que con mi alma oren;
labios virginales que conmigo recen;
diáfanas pupilas que conmigo lloren.

SI TÚ ME DICES «VEN»

Si Tú me dices: «¡Ven!», lo dejo todo...
No volveré siquiera la mirada
para mirar a la mujer amada...
Pero dímelo fuerte, de tal modo
que tu voz, como toque de llamada,
vibre hasta en el más íntimo recodo
del ser, levante el alma de su lodo
y hiera el corazón como una espada.
Si Tú me dices: «¡Ven!», todo lo dejo.
Llegaré a tu santuario casi viejo,
y al fulgor de la luz crepuscular;
mas he de compensarte mi retardo,
difundiéndome, ¡oh Cristo!, como un nardo
de perfume sutil, ante tu altar.

SI UNA ESPINA ME HIERE...

¡Si una espina me hiere, me aparto de la espina,
...pero no la aborrezco!
Cuando la mezquindad
envidiosa en mí clava los dardos de su inquina,
esquívase en silencio mi planta, y se encamina
hacia más puro ambiente de amor y caridad.

¿Rencores? ¡De qué sirven! ¡Qué logran los rencores!
Ni restañan heridas, ni corrigen el mal.
Mi rosal tiene apenas tiempo para dar flores,
y no prodiga savias en pinchos punzadores:

si pasa mi enemigo cerca de mi rosal,
se llevará las rosas de más sutil esencia;
y si notare en ellas algún rojo vivaz,
¡será el de aquella sangre que su malevolencia
de ayer, vertió, al herirme con encono y violencia,
y que el rosal devuelve, trocada en flor de paz!

SOL

Mi alma, serena vive y sumisa
maté tristezas, ansia, inquietud.
Sobre el desastre de mi salud,
brilla el sol claro de mi sonrisa.
Nada mi firme sosiego altera.
La vida amasa barro a mis pies;
pero mi frente más limpia es
que un mediodía de primavera.
Doliente amigo: ven de mí en pos,
si estás por sombras obscurecido,
yo con los tristes mi sol divido:
¡hay luz bastante para los dos!

SONETINO

Alba en sonrojos
tu faz parece:
¡no abras los ojos,
porque anochece!

Cierra —si enojos
la luz te ofrece—
los labios rojos,
¡porque amanece!

Sombra en derroches,
luz: ¡sois bien mías!
Ojos oscuros:
¡muy buenas noches!
Labios maduros:
¡muy buenos días!

SOÑAR ES VER...

Soñar es *ver:* un ángel que llega calladito
deshace nuestras vendas con dedos marfileños...
La noche es de los dioses; soñando, los visito.
¡Quién sabe que ventanas que dan al Infinito!
nos abren los ensueños.

TAN RUBIA ES LA NIÑA QUE...

Tan rubia es la niña que
que cuando hay sol, no se la ve.

Parece que se difunde
en el rayo matinal,
que con la luz se confunde
su silueta de cristal,
tinta en rosas, y parece
que en la claridad del día
se desvanece
la niña mía.

Si se asoma mi Damiana
a la ventana, y colora
la aurora su tez lozana
de albérchigo y terciopelo,
no se sabe si la aurora
ha salido a la ventana
antes de salir al cielo.

Damiana en el arrebol
de la mañanita se
diluye y, si sale el sol,
por rubia... no se la ve.

TANTO AMOR

Hay tanto amor en mi alma que no queda
ni el rincón más estrecho para el odio.
¿Dónde quieres que ponga los rencores
que tus vilezas engendrar podrían?
Impasible no soy: todo lo siento,
lo sufro todo...Pero como el niño
a quien hacen llorar, en cuanto mira
un juguete delante de sus ojos
se consuela, sonríe,
y las ávidas manos
tiende hacia él sin recordar la pena,
así yo, ante el divino panorama
de mi idea, ante lo inenarrable
de mi amor infinito,
no siento ni el maligno alfilerazo
ni la cruel afilada
ironía, ni escucho la sarcástica
risa. Todo lo olvido,
porque soy sólo corazón, soy ojos

no más, para asomarme a la ventana
y ver pasar el inefable Ensueño,
vestido de violeta,
y con toda la luz de la mañana,
de sus ojos divinos en la quieta
limpidez de la fontana...

TÚ

Y por fin vienes tú; con el sedeño
pelo arropas mi frente atormentada,
y al oído me dices: —Pobre dueño,
lo mejor de mi ser es ser sueño,
un copito de luz, un eco, nada...

Y suspiras «¡Adiós!»; y en el tranquilo
azul, donde cada astro es como un broche
de trémulo cristal, hallas asilo;
mientras surge el menguante y, con su filo,
¡guillotina la testa de la noche!

TÚ

Señor, Señor, Tú antes, Tú después; Tú en la inmensa
hondura del vacío y en la hondura interior:
Tú en la aurora que canta y en la noche que piensa;
Tú en la flor de los cardos y en los cardos sin flor.

Tú en el cenit aun tiempo y en el nadir; Tú en todas
las transfiguraciones y en todo el padecer;
Tú en la capilla fúnebre y en la noche de bodas;
Tú en el beso primero y en el beso postrer.

Tú en los ojos azules y en los ojos obscuros;
Tú en la frivolidad quinceañera, y también
en las graves ternezas de los años maduros;
Tú en la más negra sima, Tú en el más alto edén.

Si la ciencia engreída no te ve, yo te veo;
si sus labios te niegan, yo te proclamaré.
Por cada hombre que duda, mi alma grita: Yo creo.
¡Y con cada fe muerta se agiganta mi fe!

UNA FLOR EN EL CAMINO

La muerta resucita cuando a tu amor me asomo,
la encuentro en tus miradas inmensas y tranquilas,
y en toda tú... Sois ambas tan parecidas como
tu rostro, que dos veces se copia en mis pupilas.
Es cierto: aquélla amaba la noche radiosa,
y tú siempre en las albas tu ensueño complaciste.
(Por eso era más lirio, por eso eres más rosa.)
Es cierto, aquélla hablaba; tú vives silenciosa,
y aquélla era más pálida; pero tú eres más triste.

UNO CON ÉL

Eres uno con Dios, porque le amas.
¡Tu pequeñez qué importa y tu miseria,
eres uno con Dios, porque le amas!
Le buscaste en los libros,
le buscaste en los templos,
le buscaste en los astros,
y un día el corazón te dijo, trémulo:
«aquí está», y desde entonces ya sois uno,
ya sois uno los dos, porque le amas.
No podrían separaros
ni el placer de la vida
ni el dolor de la muerte.
En el placer has de mirar su rostro,
en el dolor has de mirar su rostro,
en vida y muerte has de mirar su rostro.
«¡Dios!» dirás en los besos,
dirás «Dios» en los cantos,
dirás «¡Dios!» en los ayes.

Y comprendiendo al fin que es ilusorio
todo pecado (como toda vida),
y que nada de Él puede separarte,
uno con Dios te sentirás por siempre:
uno solo con Dios, porque le amas.

VIA, VERITAS ET VITA

Ver en todas las cosas
del Espíritu incógnito las huellas;
contemplar
sin cesar,
en las diáfanas noche misteriosas,
la santa desnudez de las estrellas...
¡Esperar!
¡Esperar!
¿Qué? ¡Quién sabe! Tal vez una futura
y no soñada paz... Sereno y fuerte,
correr esa aventura
sublime y portentosa de la muerte.

Mientras, amarlo todo... y no amar nada,
sonreír cuando hay sol y cuando hay brumas;
cuidar de que en la áspera jornada
no se atrofien las alas, ni oleada
de cieno vil ensucie nuestras plumas.

Alma: tal es la orientación mejor,
tal es el instintivo derrotero
que nos muestra un lucero
interior.

Aunque nada sepamos del destino,
la noche a no temerlo nos convida.
Su alfabeto de luz, claro y divino,
nos dice: «Ven a mí: soy el Camino,
la Verdad y la Vida».

VIEJA LLAVE

Esta llave cincelada
que en un tiempo fue, colgada,
(del estrado a la cancela,
de la despensa al granero)
del llavero
de la abuela,
y en continuo repicar
inundaba de rumores
los vetustos corredores;
esta llave cincelada,
si no cierra ni abre nada,
¿para qué la he de guardar?

Ya no existe el gran ropero,
la gran arca se vendió;
sólo en un baúl de cuero,
desprendida del llavero,
esta llave se quedó.

Herrumbrosa, orinecida,
como el metal de mi vida,
como el hierro de mi fe,
como mi querer de acero,
esta llave sin llavero
¡nada es ya de lo que fue!

Me parece un amuleto
sin virtud y sin respeto;
nada abre, no resuena...
¡me parece un alma en pena!

Pobre llave sin fortuna
...y sin dientes, como una
vieja boca; si en mi hogar
ya no cierras ni abres nada,
pobre llave desdentada,
¿para qué te he de guardar?

Sin embargo, tú sabías
de las glorias de otros días:
del mantón de seda fina
que nos trajo de la China
la gallarda, la ligera
española nao fiera.
Tú sabías de tibores
donde pájaros y flores
confundían sus colores;
tú, de lacas, de marfiles
y de perfumes sutiles
de otros tiempos; tu cautela
conservaba la canela,
el cacao, la vainilla,
la suave mantequilla,

los grandes quesos frescales
y la miel de los panales,
tentación del paladar;
mas si hoy, abandonada,
ya no cierras ni abres nada,
pobre llave desdentada,
¿para qué te he de guardar?

Tu torcida arquitectura
es la misma del portal
de mi antigua casa obscura
(que en un día de premura
fue preciso vender mal).

Es la misma de la ufana
y luminosa ventana
donde Inés, mi prima, y yo
nos dijimos tantas cosas
en las tardes misteriosas
del buen tiempo que pasó...

Me recuerdas mi morada,
me retratas mi solar;
mas si hoy, abandonada,
ya no cierras ni abres nada,
pobre llave desdentada,
¿para qué te he de guardar?

VIEJO ESTRIBILLO

¿Quién es esa sirena de la voz tan doliente,
de las carnes tan blancas, de la trenza tan bruna?
—Es un rayo de luna que se baña en la fuente,
es un rayo de luna...
¿Quién gritando mi nombre la morada recorre?
¿Quién me llama en las noches con tan trémulo
/acento?
—Es un soplo de viento que solloza en la torre,
es un soplo de viento...
¿Di, quién eres, arcángel cuyas alas se abrasan
en el fuego divino de la tarde y que subes
por la gloria del éter?
—Son las nubes que pasan;
mira bien, son las nubes...
¿Quién regó sus collares en el agua, Dios mío?
Lluvia son de diamantes en azul terciopelo.
—Es la imagen del cielo que palpita en el río,
es la imagen del cielo...
¡Oh, Señor! ¡La belleza sólo es, pues, espejismo!
Nada más Tú eres cierto: sé Tú mi último Dueño.

¿Dónde hallarte, en el éter, en la tierra, en mí mismo?
—Un poquito de ensueño te guiará en cada abismo,
un poquito de ensueño...

Y EL BUDA DE BASALTO SONREÍA

Aquella tarde, en la alameda, loca
de amor, la dulce idolatrada mía
me ofreció la eglantina de su boca.

Y el Buda de basalto sonreía...

Otro vino después, y sus hechizos
me robó; dile cita, y en la umbría
nos trocamos epístolas y rizos.

Y el Buda de basalto sonreía...

Hoy hace un año del amor perdido.
Al sitio vuelvo y, como estoy rendido
tras largo caminar, trepo a lo alto
del zócalo en que el símbolo reposa.
Derrotado y sangriento muere el día,
y en los brazos del Buda de basalto
me sorprende la luna misteriosa.

YO NO SOY DEMASIADO SABIO

Yo no soy demasiado sabio para negarte,
Señor; encuentro lógica tu existencia divina;
me basta con abrir los ojos para hallarte;
la creación entera me convida a adorarte,
y te adoro en la rosa y te adoro en la espina.
¿Qué son nuestras angustias para querer por
argüirte de cruel? ¿Sabemos por ventura
si tú con nuestras lágrimas fabricas las estrellas,
si los seres más altos, si las cosas más bellas
se amasan con el noble barro de la amargura?
Esperemos, suframos, no lancemos jamás
a lo Invisible nuestra negación como un reto.
Pobre criatura triste, ¡ya verás, ya verás!
La Muerte se aproxima... De sus labios oirás
el celeste secreto!

YO VENGO DE UN BRUMOSO PAÍS LEJANO

Yo vengo de un brumoso país lejano
regido por un viejo monarca triste...
Mi numen sólo busca lo que es arcano,
mi numen sólo adora lo que no existe;

tú lloras por un sueño que está lejano,
tú aguardas un cariño que ya no existe,
se pierden tus pupilas en el arcano
como dos alas negras, y estás muy triste.

Eres mía: nacimos de un mismo arcano
y vamos, desdeñosos de cuanto existe,
en pos de ese brumoso país lejano,
regido por un viejo monarca triste...

Made in the USA
Lexington, KY
08 January 2018